76 / 4.50

Anny Wienbruch
Meine Freundin Mirjam

Anny Wienbruch

Meine Freundin Mirjam

Jüdische Schicksale

Verlag der St.-Johannis-Druckerei C. Schweickhardt
Lahr-Dinglingen

Dinglinger Taschenbücher Nr. 798

ISBN 3 501 00798 1

1. Auflage der Taschenbuchausgabe
Umschlagentwurf: Imanuel Enderle
Gesamtherstellung:
St.-Johannis-Druckerei C. Schweickhardt, 763 Lahr-Dinglingen
Printed in Germany · 5880/1974

Meine Freundin Mirjam

In meiner kleinen elsässischen Heimatstadt hatte ich viele jüdische Mitschülerinnen und mehrere jüdische Freundinnen. Ich machte mir über ihre Zugehörigkeit zur jüdischen Religion ebensowenig Gedanken wie über das Glaubensbekenntnis meiner katholischen Gespielinnen. Aber dann und wann erschienen mir diese Töchter Israels anders als die andern, von einem Geheimnis umwoben, das mich anzog und lockte und das doch nicht zu entschleiern war.

Sie hatten alle dieses eigenartige Lächeln, das ich heute noch nicht deuten kann, in dem Scheu, Entschuldigung, Ablehnung, Weisheit und Trauer vereint waren. Und Angst war darin. So sagte mir später meine Freundin Mirjam, die ich in unserer Kindheit und Jugend für so keck, ja burschikos gehalten hatte und die mir als alte Frau gestand, daß sie stets unter Lebensangst gelitten habe.

Mirjam war blond und blauäugig wie ich. Aber sie war größer und kräftiger als ich. Ihre Nase verriet einzig durch ihre winzige Biegung die Jüdin. Vielleicht fiel es aber nur denen auf, die von ihrer Abstammung wußten.

Was aber jedem auffiel, das war dies Unerklärliche, Unbeschreibliche, das ihr Blondhaar, ihre Blauaugen so ganz anders erscheinen ließ als die meinen, dies Andersartige, das solche Anziehungskraft hatte.

Wenn wir nachmittags zwischen vier und fünf Uhr die Hauptstraße auf und nieder pendelten und ich mit Mirjam eingehakt daherkam, dann wirbelten die bunten Mützen der Pennäler durch die Luft. Ich war klug genug, diese übertrieben höflichen Grüße nicht auf mich unscheinbares Ding zu beziehen. Ich ärgerte mich sogar insgeheim, daß ich gleichfalls dafür danken mußte. Ich tat es nur mit gezwungener Höflichkeit, und mein knappes, schnippisches Kopfnicken erwarb mir natürlich erst recht keine Sympathien bei den jungen Verehrern meiner Freundin.

„Du mußt freundlicher werden", riet mir Mirjam, die mit ihrem Mona-Lisa-Lächeln diese Huldigungen entgegennahm, „sonst sehe ich schwarz für deine Heiratsaussichten."

„Willst du denn etwa einen von diesen grünen Bengeln heiraten?" fragte ich ärgerlich.

Sie blickte mich mit ihrem undurchsichtigen Lächeln an. „Erstens hast du vollkommen recht: es sind noch unreife Buben. Bei denen darf man nicht ans Heiraten denken. Zweitens aber kommen sie für mich schon gar nicht in Betracht. Ich nähme keinen von ihnen, und meinst du etwa, einer von ihnen dächte je im Leben daran, mich als Frau zu wollen?"

Ich schaute verdutzt zu ihr auf. Sie hielt meinen Blick fest, als wenn sie mich wie ein Schulrat einer Prüfung unterzöge und auf meine richtige Antwort wartete. Um ihren Mund zuckte es. War es spöttische Überlegenheit oder etwas ganz anderes? Beinahe sah es nach Verlegenheit aus.

Und dann errötete ich selbst, senkte den Kopf.

„Na also", sagte Mirjam und faßte meinen Arm fester. „Komm, laß uns weiter lustwandeln, wenn's auch keine große Lust ist. Brauchst es mir nicht erst zu verraten, was du jetzt denkst. Du weißt so gut wie ich, daß ich ein Judenmädchen bin trotz blonder Haare und blauer Augen."

„Deshalb können dich die jungen Männer doch lieben", stammelte ich.

„Gewiß", gab sie spöttisch zu, „aber nicht heiraten! Und ich würd' es meinen Eltern auch nicht antun, einen andern als einen unseres Volkes zu nehmen. So modern meine Eltern auch scheinen mögen, sie halten doch streng an ihrem Glauben fest."

„Aber wie ist es mit Herbert?" fragte ich.

Sie zuckte die Achseln. „Ach, Herbert", antwortete sie gedehnt. „Ich mag ihn gern, so wie ich dich gern hab'."

„Mehr nicht?" fragte ich zweifelnd.

„Mehr nicht!" entgegnete sie und warf den Kopf zurück. „Über manches denkt man auch besser nicht zu gründlich nach", setzte sie hinzu.

Wir schritten weiter, grüßten nach rechts und links, Mirjam lächelnd, ich schnippisch, verärgert.

„Alle Judenmädchen bekommen ihren Ehemann von ihren Eltern ausgesucht", fuhr sie nach einer Weile fort. „Dabei geht es selten nach der Liebe. Aber könntest du mir eine jüdische Ehe nennen, die nicht gut ist?"

Ich schüttelte den Kopf. Nein, ich kannte keine unglückliche jüdische Ehe.

„Es liegt daran, daß wir Gottes Gebot befolgen", fügte Mirjam nachdenklich hinzu, „das vierte Gebot: Du sollst deinen Vater und deine Mutter ehren, auf daß es dir wohl gehe!"

Wir gingen weiter. Diesmal war ich es, die das Schweigen brach. „Dann solltest du auch nichts mit Herbert anfangen", sagte ich vorwurfsvoll.

„Was hab' ich denn angefangen?" verteidigte sie sich. „Eigentlich solltest du deine Mutter dafür verantwortlich machen."

Ich blieb überrascht stehen. „Meine Mutter?“ rief ich. „Was hat die denn damit zu tun?“

„Nun“, erklärte Mirjam, „als ich ins Gymnasium aufgenommen werden sollte, war mein Vater noch abends spät bei euch und bat deine Eltern, dich auch dorthin zu schicken, damit ich nicht als einziges Mädchen unter den Buben wär'. Er bot sogar unser Familienstipendium an, wenn euch das Studium später zu kostspielig würde. Aber nein, deine Mutter lehnte ab. Du seiest zu zart für einen Männerberuf, für die rauhe Bubengesellschaft.“

„Aber darum brauchst du doch keine Freundschaft mit Herbert zu schließen!“ fiel ich ein.

Sie lachte spöttisch. „Und wer soll mir dann bei den Aufgaben helfen?“ fragte sie.

„Als ob du das nötig hättest!“ widersprach ich ihr.

„Aber eine Freundschaft brauch ich“, entgegnete sie, „das mußt du doch einsehen, kleine Änne“ — dabei umfaßte sie meine Schultern —; „seit ich unter dem Bubenvolk bin, bin ich anders geworden. Da bist du auch für mich zu zart und fein.“

Ich nickte zögernd und bedrückt. Mein Herz tat mir so merkwürdig weh, so weh wie bei dem ersten Schmerz, den meine junge Seele bewußt empfunden hatte, als meine Mutter abgelehnt hatte, mich mit Mirjam das Gymnasium besuchen zu lassen. Seitdem war ich mir in der Höheren Mädchenschule sehr vereinsamt vorgekommen.

Wir waren an der Brücke über den Lauterbach stehengeblieben. Ich schaute in das rasch dahinfließende Wasser hinab. Die ersten gelblichen Lichter der Häuser spiegelten sich darin. Es war Abend geworden.

Wie ein düsteres, unübersteigbares Gebirge stand

vor uns der gewaltige Bau der Stiftskirche mit ihren beiden wuchtigen Türmen.

„Sieh die Wellen, wie sie dahinfließen", sagte auf einmal Mirjam leise und seltsam sanft neben mir. „Heute las unser Rabbiner in der Religionsstunde aus einem Psalm: ‚Du lässest sie dahinfahren wie einen Strom.' Er äußerte dazu: ‚Wir müssen unsern Weg gehen. Nichts kann uns festhalten, und wir können nichts aufhalten. Aber Einer ist's, der unsern Weg bestimmt und in den alle Ströme münden.' Was wollen wir uns da noch über solch kleines Wellengeplätscher aufregen!"

Ich ging an diesem Abend betrübt und doch auf eigenartige Weise getröstet heim.

Wir wohnten in einer engen Gasse. Mein Elternhaus war schmal, aber so langgestreckt, daß es fast die ganze rechte Straßenseite einnahm.

Wenn ich aus meinem Fenster nach links schaute, sah ich am Ausgang unserer Gasse den Fischmarkt, und quer zu unserer Gasse stand dort das breite, behäbige alte Haus, in dem Mirjam wohnte.

Ich erblickte nicht nur die graue Front dieses Hauses. Ich konnte auch fast jeden Nachmittag Mirjam und Herbert an einem seiner Fenster sitzen, stehen, lesen, schreiben, plaudern sehen. Es gab mir immer einen feinen Stich.

Eigentlich hatte mir Mirjam diesen farblosen, schmalen Jungen gar nicht weggenommen. Was verband mich denn mit ihm? Doch nur eine lose Freundschaft der beiderseitigen Eltern, die dann und wann zu den damals üblichen gemeinsamen Spaziergängen führte, und was mehr war: die Liebe zur Musik.

Wenn er mir auch sonst nur als brave, ein wenig langweilige Mittelmäßigkeit erschien, so war er in Musik doch wirklich so hervorragend, daß er schon als Fünfzehnjähriger die Orgel in unserer Johanniskirche spielen durfte. Es war im Ersten Weltkrieg, und der Hauptlehrer und Organist war eingezogen worden.

Einige junge Musikfreunde und ich begleiteten Herbert gern, wenn er nachmittags in unserer alten Kirche übte. Ich hatte dort sogar die ersten und einfachsten Bach-Lieder mit seiner Begleitung zu singen versucht und war sehr glücklich darüber gewesen. Ich liebte schon damals die Musik sehr. Mirjam dagegen war gewiß nicht durch Musikliebe mit Herbert verbunden worden. Auch hätte sie unsere Kirche nie betreten, um seinem Orgelspiel zu lauschen. Das wußte ich genau. Hatte sie mir doch eine Einladung zu einem geistlichen Konzert schroffer, als ihre Art war, abgelehnt.

Nein, die Musik hatte die beiden sowenig zusammengeführt wie die Aufgabenhilfe, von der Mirjam wohl auch nur im Scherz gesprochen hatte.

Was aber dann? Wer kann das beurteilen? Wissen zwei Menschen denn selbst, was sie miteinander verbindet?

Ich grübelte trotz meiner Jugend oft darüber nach, was die beiden aneinander fanden, bis ich mir immer zuletzt diese nutzlosen Gedanken aus dem Kopf scheuchte, mich ausschalt und mir einredete, daß mich das doch durchaus nichts angehe.

Aber das eine betraf mich und traf mich: Mirjam schellte nicht wie einst allmorgendlich an unserer blankgeputzten Klingel, um mich abzuholen. Wie rasch war ich dann immer die Treppe hinabgesprungen! So geschwind, daß ich einmal in den Putzeimer gehüpft war und wir beide nach dem Umziehen mit einer Stunde Verspätung zur Schule gekommen waren. Mirjam brachte mich auch nicht mehr jeden Nachmittag nach Hause, noch trank sie mit mir die Vespermilch oder setzte sich, wenn meine Mutter ausgegangen war, mit mir vor unsern schier unergründlichen Honigeimer. Sie nahm mich nicht mehr mit in ihr großes Haus, wo mich als kleines Mädchen der gemütliche Schaukelstuhl so sehr angezogen hatte, wo Mirjam mir einen besonderen Gefallen tat, wenn ich das kunstvoll gearbeitete Tischchen in ihrer Mutter Salon betrachten durfte: Zwei Reihen von Buchattrappen täuschten darauf Werke von Goethe, Schiller, Shakespeare und anderen Geistesgrößen vor und waren in Wirklichkeit doch nur Schubladen für allerlei Stickgarne und Seidenbändchen.

Das alles war nun für mich vorbei. Nur noch ein loses Band war zwischen mir und Mirjam, die mir durch einige Jahre meiner Kindheit die Freundin gewesen war.

„Ich habe sie verloren!" hämmerte ich mir oft selbstquälerisch ein.

„Ich habe beide verloren", sagte ich mir, als ich an einem Nachmittag wieder einmal unter den alten Akazien auf dem Stadtwall saß und drunten Mirjam und Herbert im vertraulichen Gespräch miteinander wanderten. Sie begleitete ihn bis zur Johanniskirche, die dicht am Wall lag.

Ich hörte das Kreischen des Türschlosses, als er mit dem großen Schlüssel aufschloß. Wie vertraut war mir dies Geräusch und das Knarren der Kirchentür!

Mirjam rief ihm noch etwas nach. Dann wandte sie sich und ging zurück, dem „Staden" (Ufer) zu.

Bald danach tönten Orgelklänge zu mir herauf.

Eine Blütendolde fiel sacht aus weiter Höhe herab auf meine Hand. Die Akazienblüten sind weich und sehr kühl. Wie oft hatten Mirjam und ich früher hier in den wilden Möhren unter den alten Bäumen gelegen und hatten die weißen Dolden auf uns herabfallen lassen!

Auch an diesem Tag ließ ich die Blüten ruhig auf meiner Hand ruhen. Ein Gedicht fiel mir ein von einem zeitgenössischen Dichter.

„Die Blätter fallen, fallen wie von weit . . .", begann es. Mehrmals wiederholte ich den Schluß vor mich hin:

„Und doch ist einer, welcher dieses Fallen unendlich sanft in seinen Händen hält!"

Und auf einmal löste sich all meine Betrübtheit von mir. Wie eine sacht herniedergleitende Blütendolde legte sich ein linder Trost auf mein Herz, und ich sagte zu der Melodie, die Herbert drunten in der Kirche unentwegt übte, die Worte des Chorals:

„Alles vergehet, Gott aber stehet
ohn alles Wanken; seine Gedanken,
sein Wort und Wille hat ewigen Grund . . .
Gott ist das Größte, das Schönste und Beste,
Gott ist das Süßte und Allergewißte,
aus allen Schätzen der edelste Hort."

Mitten während des Weltkrieges verließen wir alle drei die Schulen unserer Heimatstadt und siedelten nach Straßburg über. Mirjam und Herbert studierten beide an der Universität und kamen sich dadurch noch näher.

Ich war gegen meinen Willen in das Lehrerinnenseminar aufgenommen worden.

Sosehr ich heute meinen Beruf liebe, sowenig liebte

ich damals die Ausbildungsstätte. Es war ein muffiges, unfreundliches Gebäude. Nicht einmal die Sonntage waren wirkliche Sonntage. Wenn wir nach dem Mittagessen in der heißesten Tageszeit in langer Reihe zu zweien durch die staubigen Straßen geführt worden waren, fing für uns die „stille Beschäftigung" an. Wehe aber, wenn wir einmal dabei nicht still waren, in jugendlichem Frohsinn laut lachten oder uns in unseren kasernenmäßigen Arbeitsräumen etwas geräuschvoll bewegten! Sogleich stand, majestätisch wie die Kaiserin Maria Theresia, nur nicht so mütterlich wohlwollend wie sie, unsere Musiklehrerin in der Tür, und dann hieß es, Stöße von Noten abschreiben. Wie konnte die strenge Frau diese Art von Sonntagsentheiligung, die wahrlich schlimmer war als ein Mädchenlachen, mit ihrem betonten Christentum vereinbaren?

Auch die Musik, meine geliebte Trösterin, gefror unter diesen eiskühlen Augen.

Besuche waren uns Schülerinnen erst recht kein Trost. Wir saßen dann hier und dort in gedämpft flüsternden Grüppchen unter den Gipsbüsten der Aula, in einem trostlos grauen Klassenraum oder in der Turnhalle, wo man den Staub richtig zwischen den Zähnen schmeckte.

Ich war daher gar nicht erfreut, als an einem Sonntagnachmittag die huschelige Gerta in unser Arbeitszimmer hereinstolperte und mit rotem Kopf losprustete: „Du, du, Änny, geh schnell raus! Du hast Besuch! Gleich zwei! Und was für welche! Ich lach mich hin! Unsere Musiktante kriegt schon Zustände!" Und damit sauste der Flederwisch lachend ans Fenster, und alle andern Klassenschwestern drängten sich um sie.

Mir ahnte nichts Gutes, und als ich hinaus in den Innenhof trat, der wegen einiger kümmerlicher Bäume und eines windschiefen verrosteten Tisches samt einiger klappriger Stühle stolz als Garten bezeichnet wurde, da wäre ich am liebsten in den Boden versunken.

Dort harrte meiner, harmlos strahlend ein schmucker Feldgrauer. Es war Paul, der Sohn eines Nachbarn meiner westfälischen Verwandten — meine Eltern waren einst aus Westfalen ins Elsaß gekommen —, der in meinem elsässischen Heimatort als Rekrut ausgebildet wurde und mir zuliebe diesen Sonntagsurlaub genommen hatte.

Und neben ihm stand Herbert. „Als ich heute morgen daheim die Orgel gespielt hatte, wartete an der Kirchentür dein Vater mit deinem Freund auf mich und bat mich, ihn auf meiner Rückfahrt nach Straßburg mitzunehmen und zu dir zu führen." So erklärte mir Herbert.

O diese unvernünftigen Männer!

„Hoffentlich freust du dich", fügte der blonde Westfale hinzu, ein wenig enttäuscht ob meines nicht gerade freudestrahlenden Gesichtes.

„O ja", erwiderte ich matt und schaute scheu zu meiner Musiklehrerin hinüber, die gerade an uns dreien vorüberschritt und mir einen vernichtenden Blick zuwarf.

„Du, hör mal", fuhr Paul vergnügt fort, „ihr beide könnt mir jetzt mal die Stadt zeigen. Wir machen uns einen netten Nachmittag. Hier bei dir sieht es ja trostlos aus."

Er musterte das graue Häuserviereck um den armseligen Hof. „Na", sagte er, „gegen diese Bruchbude ist unsere Kaserne noch das reinste Sanatorium mit allem

Komfort. Also los, hol deine Sachen und komm mit!"

„Das darf ich nicht!" wehrte ich entsetzt. „Wir werden nur zweimal in der Woche spazierengeführt, das heißt, wenn wir nicht gerade besonders laut waren und Stubenarrest haben. Oder wenn wir zum Zahnarzt müssen; dann können wir ja nicht alle zusammen gehen und müssen uns erst im Ausgangsbüchlein die Erlaubnis eintragen lassen, und eine andere muß uns begleiten. Bei der Rückkehr müssen wir uns sofort wieder anmelden."

„Doll!" rief Paul so laut, daß ich mich erschrocken umwandte.

Da kam das „Stü" daher, eine kleine, überaus neugierige Lehrerin, die auserwählte Freundin unserer Musikdame. „S-taunenswert!" lispelte sie im Vorübergehen.

Ich schritt mit meinen beiden Besuchern den Gartenweg auf und ab. Es war eine Qual, ein wahres Spießrutenlaufen für mich. Ich wußte mich von mindestens dreißig bis vierzig Augenpaaren beobachtet. Ich spürte den Unwillen von mindestens drei Lehrerinnen auf mir. Ein ungeübtes Mannequin, das zum erstenmal den Laufsteg betritt, kann sich nicht unsicherer fühlen.

„Da muß Mirjam mal Rat schaffen", murmelte Herbert.

„Mirjam?" staunte ich. „Was hat die damit zu tun?"

„Sie weiß immer Rat", behauptete Herbert.

„Du liebst sie wohl sehr", sagte ich so leise, daß Paul es nicht hörte. Wir konnten nämlich nicht zu dritt nebeneinander gehen, und Paul war einige Schritte vor uns.

Herbert schaute mich verwundert an.

„Ja", antwortete er ernst, „aber nicht so, wie du meinst."

„Du wirst sie später doch heiraten", sagte ich spöttisch, durch den unglückseligen Besuch gereizt, verwirrt und aufgewühlt.

„Du weißt, daß das ausgeschlossen ist", erwiderte er noch leiser. „Wir denken nicht daran und reden erst recht nicht davon. Bis ich einmal heirate, fließt noch viel Wasser den Rhein hinunter. Vielleicht" — und nun lächelte er spöttisch, oder war es verlegen, dieses Lächeln? —, „vielleicht heirate ich später dich."

Ich fuhr zornig auf. „Ich bin kein Kaffee-Ersatz!" fauchte ich.

Paul wandte sich zu uns um. „Kaffee-Ersatz! Muckefuck!" rief er unbekümmert laut. „Nein, Mädchen, damit darfst du mir nicht kommen! Aber einen Durst habe ich, einen Durst! Wir wollen in die Stadt gehen. Wenn du durchaus nicht mitdarfst, müssen wir tränenreichen Abschied nehmen."

„Das wäre auch an der Zeit. Es schellt gleich für die Besucher", tönte da die durchaus nicht melodische Stimme unserer Musiklehrerin neben uns. „Sind das überhaupt Verwandte?"

„Nein", antwortete ich trotzig, „Freunde sind es."

Sie schnappte nach Luft und wies dann mit einer wahrhaft königlichen Handbewegung zu dem dunklen Torbogen.

Ich bemerkte trotz meiner Verwirrung, wie verlegen Herbert und wie belustigt Paul die gestrenge Dame anschauten. Aber daran erinnere ich mich nicht mehr, wie sie sich dann verabschiedeten. Mein Kopf dröhnte, als das Tor dumpf hinter ihnen zufiel. Ich ging mit stolpernden Schritten in den Garten zurück.

Wohin sollte ich nun? In das Arbeitszimmer zu den neugierigen Mitschülerinnen, denen solch eine Abwechslung an dem trostlos eintönigen Sonntagnachmittag gewiß hochwillkommen gewesen war? Auf keinen Fall! In den Schlafsaal durften wir tagsüber nicht. In die Klassen, in die Bücherei sonntags ebensowenig. Ja, wohin sollte ich denn?

Da sah ich vor mir im Winkel den schräg hinüberhängenden Gartentisch, den wackligen Stuhl davor. Ich lief darauf zu, setzte mich und schlug die Hände vors Gesicht. Und dann kamen die Tränen. Worüber weinte ich? Über den verunglückten Besuch? Über das düstere Gefängnis, in das man mich gesperrt hatte? Ach, daran war ich fast schon gewohnt, und Jugendfreude läßt sich sowenig von einer trüben Umwelt besiegen wie die Sonnen von Regenwolken.

„Kaffee-Ersatz!" schluchzte ich vor mich hin. „O Mirjam!"

Eine Hand tupfte mir leicht auf die Schulter.

Ich hob erschrocken den Kopf. Nein, es war nicht eine der gefürchteten Damen, die mich zur Rede stellen wollte. Der gute Papa Weick, unser Oberlehrer, schaute teilnahmsvoll und auch ein wenig spöttisch auf mich herab.

„Liebeskummer?" fragte er lächelnd.

„Ich bin nicht verliebt", wehrte ich ab.

„Verliebtsein ist ein Rausch, eine Schwärmerei, mein Kind", belehrte er mich sanft. „Liebe gibt es auf zweierlei Art. Die eine liebt sich selbst und will den andern besitzen. Die andere denkt nicht an sich selbst. Mögen Sie durch diesen Schmerz das Wort unseres Herrn beherzigen lernen: ‚Wer mir nachfolgen will, der verleugne sich selbst.' Dann blüht aus Verzicht Erfüllung. Dann werden Sie heute mit Tränen säen, was Sie einst mit Freuden ernten werden."

Und wieder war ich seltsam getröstet, wie immer, wenn mir Mirjam — ihr selbst nicht bewußt — Schmerz bereitet hatte.

Am nächsten Morgen zog mich eine Tagesschülerin, die hübsche, gutherzige Liese, in eine Ecke.

„Heute in aller Frühe, als ich an der Wilhelmer Kirche aus der Straßenbahn stieg, löste sich aus dem Morgennebel am Staden eine dunkle Gestalt und kam auf mich zu", berichtete sie in ihrer spaßig-pathetischen Art. „Sie gab sich als eine Studentin aus deiner Heimatstadt zu erkennen; sie sei zu bange, dich in diesem Mädchenzwinger aufzusuchen, und erwarte dich heute nachmittag um zwei Uhr an jener Haltestelle. Sie erfuhr von mir nämlich, daß ihr von zwei bis vier Freizeit habt."

„Wie soll ich das denn machen?" fragte ich ärgerlich. „Wie stellt sie sich das vor?"

„Nichts leichter als das", beruhigte mich Liese mit ihrer tiefen Stimme.

„Das habe ich in Gedankenschnelle mit deiner Freundin beraten: Ich lade dich zu meinem Geburtstag ein. Keine Angst! Ist nicht gelogen! Das könnte man ja leicht in unserem Klassenbuch feststellen. Ich habe wirklich Geburtstag. Du darfst mir gratulieren. Kannst anschließend an dies ersehnte Treffen mich auch noch beehren und sogar, wenn sie Lust und Zeit hat, deine Freundin mitbringen. Und mit der holden Musiktante spreche ich, da sie dir nicht so hold gesinnt erscheint wie meiner Wenigkeit. Gleich von zwei bis sechs erbitte ich für dich Urlaub."

„Aber ich darf doch nicht allein ausgehen", jammerte ich.

„Gut, gut", beschwichtigte Liese, „dann lade ich deine Herzensfreundin Anneliese, das sanfte Kind, mit ein. Sie geht bestimmt mit, wenn nicht mir, dann dir zuliebe."

Am Nachmittag standen Anneliese und ich wirklich an der Haltestelle. Mit Gebimmel und Geratter nahte die Straßenbahn.

Mirjam winkte von der Plattform herab. „Steigt ein!" rief sie.

Die gelenkige Anneliese sprang flink hinauf. Ich erholte mich nicht rasch genug von meinem Erstaunen. Ehe ich soweit war, ehe ich mich keck hineingezwängt hatte, fuhr die überbesetzte Tram weiter.

„Wir warten! Komm mit der nächsten nach!" tutete Mirjam durch die vorgehaltenen Hände.

Das Unternehmen fing unheilverkündend an! Die Fahrt mit der nächsten Straßenbahn war aufregend für mich. In unserem wohlbehüteten, abgeschlossenen Haus war ich ja jedem Verkehr mit der Außenwelt entfremdet worden. Ich forderte vom Schaffner: „Gradaus!" und spähte an jeder Haltestelle angespannt hinaus, ob die beiden dort standen und meiner harrten.

Endlich entdeckte ich sie. Ich atmete auf und sprang hinaus.

„Wohin führst du uns eigentlich?" fragte ich Mirjam.

„In die Freiheit!" erwiderte sie mit ihrem unergründlichen Lächeln. „Du mußt auf andere Gedanken kommen. Du wirst ja noch ganz hintersinnig. Finden Sie es auch so schrecklich in dieser schrecklichen Drachenburg?“ wandte sie sich dann an Anneliese. „Sind Sie auch so unglücklich darin?“

Die schwarzbraune Bauerntochter öffnete ihre schönen großen Augen weit.

„Oh, ich bin überglücklich, daß ich dort sein darf“, versicherte sie. „Mir stellten sich so viele Hindernisse in den Weg, eine leidende Mutter, eine große Geschwisterschar und dadurch kaum zu bewältigende Arbeit auf unserm Hof. Nun danke ich jeden Abend, daß ich endlich doch frei wurde und lernen darf.“

„Also wie Desdemona und Othello“, spottete Mirjam, „oder war es Minna von Barnhelm, die sich vornahm, den Ersehnten zu lieben und wenn er der schwärzeste Mohr wäre? Ebenso beglückt sind Sie jetzt von dem griesegrauen Gefängnis.“

Anneliese schwieg gekränkt. Ob sie eine Verteidigungsrede für ihr geliebtes Seminar vorbereitete? Es blieb keine Zeit mehr für Erörterungen.

Wir waren Mirjam in ein großes Gebäude gefolgt, in dessen weitläufigen Fluren und Räumen allerlei Skelette und grünlich schimmernde Retorten mit seltsamem, unheimlichem Inhalt standen.

„Wohin führst du uns eigentlich?“ erkundigte ich mich noch einmal.

Sie lächelte überlegen. „Ich will deiner lieben Frau Mama beweisen, daß du doch nicht zu zart und empfindlich bist, um mit mir Medizin zu studieren“, erklärte sie dann; „wir gehen miteinander in die Anatomie.“

Damit stieß sie eine zweiflügelige Tür auf.

Ich trat beherzt hinein. Aber kaum hatte ich ein paar Schritte weiter getan und mich umgesehen, da hörte ich hinter mir einen leisen Wehlaut. Zugleich rief eine ärgerliche Männerstimme: „Natürlich! Das kommt davon, wenn zartbesaitete Zimperliesen Medizin studieren wollen!"

Und schon sprangen ein paar Studenten oder Ärzte in weißen Kitteln herbei und trugen Anneliese aus dem Saal hinaus. Ich folgte in den engen Raum, wo sie auf eine schmale Pritsche gelegt wurde.

Auf einmal war mir alles so gruselig, so beängstigend. Ich hatte nur einen Wunsch: Anneliese so schnell wie möglich hier herauszubekommen. Sie lag da so areglos, so totenblaß, als wenn sie als Leiche in die Anatomie eingeliefert worden wäre.

Plötzlich überkam mich die dumme Angst, es könnte einer kommen und sie versehentlich als Versuchsobjekt mitnehmen. Da mußte ich schon aushalten und bei ihr Wache stehen. Schließlich war ich ja schuld, daß sie ohnmächtig geworden war.

Aber stärker als mein Schuldgefühl, stärker als die Angst vor den Verhören und Strafen, die meiner jetzt gewiß im Seminar warteten, und stärker als das Grauen vor dieser Stätte des Todes, die nichts mehr von der Ehrfurcht vor dem Tode hatte, war die Gewißheit in mir, die immer kräftiger aufwuchs: Meine Mutter hatte nicht recht gehabt wie sonst immer. Ich war nicht zu zart und empfindlich. Ich war nicht wie die kräftigere Anneliese vor Entsetzen in Ohnmacht gefallen. Ich war nicht zu sensibel für den Beruf der Ärztin.

Und da kamen mir plötzlich die Tränen, daß ich in diesen grauen „Kasten" gesperrt war, daß ich einen Beruf ergreifen mußte, den ich gar nicht selbst gewählt hatte, daß ich nicht mit Mirjam Medizin studieren durfte.

Ich war wohl durch diese heimliche Fahrt, diese unheimliche Umgebung, den Zusammenbruch meiner Freundin übererregt. Ich weinte immer heftiger.

Mirjam hatte nicht nur mit der langsam sich erholenden Anneliese, sondern auch mit mir ihre liebe Not. Ich kann mich noch gut erinnern, wie sie uns schließlich beide tränenüberströmt an der Pforte unseres grauen Hauses ablieferte und das Tor dumpf hallend und Unheil verkündend hinter uns zufiel.

Anneliese durfte sich dann sogleich zu Bett legen. An die hochnotpeinlichen Verhöre, die ich über mich ergehen lassen mußte, erinnere ich mich nicht mehr so genau. Ich sehe aber noch sehr deutlich die kugelrunden Augen des „Stü" vor mir, die dabei ihrer Freundin assistierte, und ich höre sie eifrig lispeln: „Haben Sie auch etwas in S-piritus gesehen?"

Ich schluchzte nur immer: „Entschuldigen Sie!"

Dabei meinte ich aber gar nicht diese anscheinend ganz entsetzliche Tat, die ich mit dem heimlichen Ausflug zur Anatomie begangen hatte. Ich suchte nur in meinen beiden Rocktaschen verzweifelt nach einem Taschentuch und mußte mir schließlich mit einem Kleiderzipfel Augen und Nase wischen.

„Gut, daß Sie Ihr Unrecht einsehen", sagte die Musiklehrerin zum Schluß streng. „So soll denn Ihr unmögliches Betragen entschuldigt sein. Von jetzt an bemühen Sie sich, den Weg des Gehorsams zu gehen, den Sie bald Ihre Kinder lehren sollen."

Ich murmelte etwas Unverständliches. Der Rest ging in meinem heftigen Schluchzen unter.

Die Abendessenszeit war längst vorbei, und die andern Mädchen befanden sich wieder in den Arbeitszimmern, als ich von den beiden Damen entlassen wurde. Die gutmütige Köchin hätte mir gewiß noch ein Butterbrot und eine Tasse Tee gegeben. Aber ich hatte keinen Hunger.

Ich huschte die vier Treppen zur Bücherei hinauf, die ich seit einiger Zeit verwalten durfte. Ich war sehr glücklich, als ich dadurch einen Raum bekam, in den ich mich dann und wann ungestört zurückziehen konnte, wenn ich Bücher eintragen und ordnen oder für einen Lehrer heraussuchen mußte.

Aber an diesem Abend wurde ich zunächst enttäuscht. Jemand anders hatte schon die Tür aufgeschlossen. Nur ein Lehrer, der den Schlüssel dazu hatte, konnte das sein, und richtig: da saß Papa Weick an meinem kleinen Tischchen und las in einem dicken Folianten.

„Nanu!" staunte er, als er meiner ansichtig wurde. „Was ist denn geschehen? Weinen Sie immer noch, weil Sie unterschreiben mußten, sieben Jahre nicht zu heiraten? Oder haben Sie noch ein anderes Gelübde ablegen müssen?"

„Ja", stieß ich ärgerlich heraus, „daß ich den Weg des Gehorsams gehe. Aber ich will nicht. Ich will einen ganz anderen Weg gehen! Ich will nicht Lehrerin werden! Ich will Medizin studieren!"

Der alte Herr neigte den Kopf zur Seite und schaute mich von unten herauf lächelnd an.

„Mein liebes Kind", sagte er dann väterlich freundlich, „ist es so viel wichtiger, die Körper zu pflegen als die Seelen? Der Weg des Gehorsams ist immer der beste Weg. Auch unser Herr und Heiland hat Gehorsam gelernt, obwohl er Gottes Sohn war. Er war gehorsam bis zum Tod am Kreuz. Folgen Sie ihm nach, mein liebes Kind!"

Der kleine alte Herr stand auf. Er legte mir seine

Hand auf die Schulter, wandte sich sacht zum Fenster hin. Wir schauten beide hinaus.

„Sehen Sie dort unser Münster im Abendschein!" sagte er leise. „Die steinerne Wunderblume aus Gottes Garten, die Menschenhand in der Niederung pflanzte. Ich liebe es zu jeder Tageszeit, in jeder Beleuchtung. Aber zum großen, heiligen Erleben wird es mir in der Stunde des Sonnenuntergangs. Dann hebt der Vogesensandstein an zu glühen. Sehen Sie, wie tausendfach verästelt in unwirklicher Feinheit das Spitzenwerk des Turmes vor dem lodernden Goldgrund steht! Spüren Sie, wie des Münsters Seele atmet? Und hören Sie, was es den Menschen in all ihren alltäglichen Kleinkram hinab zuruft? Sursum corda! Empor die Herzen! Ach, Kind, es ist ja vor Gottes Augen so gleichgültig, was wir hier unten auf Erden sind! Es kommt darauf an, wie wir es sind. ‚Daß die Herzen von der Erden ganz zu Ihm gezogen werden!'"

Der alte Mann ging still hinaus und ließ mich allein.

Ich blieb am Fenster hoch über dem Dächergewirr der Stadt stehen, bis der letzte Abendschein verblaßt war und der Münsterbau tiefschwarz und gewaltig vor dem blassen Nachthimmel ragte.

Drunten im Arbeitszimmer vermißten sie mich nicht. Sie nahmen wohl an, daß ich wie Anneliese im Bett läge. Erst als es um halb zehn Uhr zur Andacht läutete, schlich ich mich hinab, an der Aulatür vorbei und dann über den Hof, in das Gebäude, in dem unsere Schlafsäle lagen.

Ich schlüpfte im Dunkeln ins Bett. Als die andern die Treppe heraufkamen, schloß ich fest die Augen und rührte mich nicht, solange sie noch wach waren.

Aber ich schlief nicht. Es ist ein schwerer Weg, der

Weg des Gehorsams. In jenen Stunden entschloß ich mich, ihn zu gehen. Und es ist ein gesegneter Weg geworden, ein Weg, auf dem der Eine, der gehorsam bis zum Tode war, mit mir ging.

War nicht ohne ihr Wissen und Wollen meine Freundin Mirjam der Anlaß, daß ich mich endgültig und für mein ganzes Leben für diesen Weg entschied?

In den nächsten Monaten sah ich Mirjam nicht. Sie hatte es nach diesem Mißerfolg wohl aufgegeben, mir aus der Enge in die Weite zu verhelfen.

Ich ging meinen neuen Weg des Gehorsams, und wenn es mir dann und wann schwer wurde, zog ich mich in meine kleine Bücherei hoch droben, den Wolken, dem Himmel näher, dem mahnenden, tröstenden Münster benachbart, zurück, und dort lernte ich einen der zahlreichen Gesangbuchverse, die wir auswendig können mußten, verstehen und als Eigentum in mich aufnehmen:

„Fällt's euch zu schwer,
ich geh voran,
ich steh euch an der Seite ..."

Oder ich sang leise, während ich Bücher neu einband, in Listen eintrug, vor mich hin:

„Soll's uns hart ergehn,
laß uns feste stehn
und auch in den schwersten Tagen
niemals über Lasten klagen;
denn durch Trübsal hier
geht der Weg zu dir."

Ja, den Weg zu Ihm wollte ich schon damals gehen. Aber es waren doch nur sehr ungewisse, zögernde Tritte, die ich darauf tat.

Und was wußte ich viel von „schwersten Tagen" und „Trübsal hier"? Stubenarrest, „stille Beschäftigung", während sich andere junge Menschenkinder an der freien Gotteswelt erfreuten —, konnte man das so bezeichnen? Immer wieder war doch die Vorfreude auf Ferientage da, auf das wunderschöne, helle Leben, das noch vor uns lag. Immer wieder siegten doch Jugendübermut und Jugendmut!

Aber dann senkten sich plötzlich dunkle Schwingen über uns, wurde das lichtarme Haus noch düsterer, wurde aus „stiller Beschäftigung" eine große und erschreckende Stille.

Das Krankheitsgift des Kriegsjahres 1918 war auch bei uns eingedrungen. Leerer und immer leerer wurden die Klassenzimmer, die Arbeitsräume. Von Tag zu Tag wechselten die abgeordneten und freiwilligen Krankenpflegerinnen. Stiller und stiller wurde es in dem weitläufigen Gebäude, und es war ein eigener Anblick, wenn allmorgendlich das Häuflein derer, die sich zur Andacht in der Aula versammelten, geringer geworden war.

Die letzten Spätherbsttage fanden auch mich unter den „Abgesonderten". In einem jähen Schwindel war ich im Treppenhaus zusammengebrochen. Heiße, fieberwirre Tage kamen nun, Nächte, in denen ich in einer großen dunklen Welle zu versinken glaubte, Stunden voll quälender Einsamkeit inmitten der anderen Kranken, brennenden Heimwehs, in denen ich den Kopf in die Kissen preßte und in meiner Verlassenheit immer „Mama! Mama!" jammerte.

Aber die Mutter war fern und wußte nichts von meinen erstickten Rufen. Und sie hätte auch nicht kommen können. Zu jeder Fahrt nach unserer Festungsstadt bedurfte man einer besonderen Einreiseerlaubnis.

Niemand kümmerte sich um mich. Die Schülerinnen, die uns in den ersten Tagen gepflegt hatten, waren selbst krank.

„Müssen wir denn alle sterben und verderben?" wimmerte in einer nebligen Oktobernacht meine Nachbarin Henny.

Mein brodelndes Blut trieb mich von dem heißen Lager auf. Ich wankte zum Fenster, preßte die heiße Stirn gegen die kühlfeuchte Scheibe. Ein blasser Mond stand über den gegenüberliegenden Häusern, spiegelte sich in den trüben Pfützen des toten Platzes.

Aus dem verschwommenen Nebeldunst der Querstraße kam ein schwarzer Wagen eilig näher, hielt vor dem Tor unseres Hauses. Die Angeln kreischten, und ein düsterer Zug — Laternen, dunkle Gestalten, dazwischen ein geheimnisvolles, längliches Etwas in einer grellbunten Decke, das langsam hinausgetragen wurde — bewegte sich auf den Wagen zu.

Ich schauerte zusammen. Die Zähne schlugen mir aufeinander. „Ich fürchte mich, oh, ich fürchte mich!" murmelte ich. Mit bebenden Händen tastete ich mich zu meinem Bett zurück. Ich sank darauf nieder. „Und ob ich schon wanderte im finstern Tal, fürchte ich kein Unglück, denn du bist bei mir", taute es da über mich hin.

„Du bist bei mir", flüsterte ich. Dann versank mir alles in einer gnädigen Besinnungslosigkeit.

Ich erwachte, als mich jemand sehr kräftig rüttelte und schüttelte und mir eine irgendwie vertraute Stimme ins Ohr rief: „Kopf in die Höhe! Aufgerichtet! So! Und nun das hier heruntergeschluckt!“

Ein heißer Dampf stieg mir in die Nase, ein angenehmer, mir auch irgendwie vertrauter Geruch — war es Kakao, Fleischbrühe, Kaffee? Ich war zu elend, um es zu unterscheiden.

„Los! Geschluckt!“ wurde mir wieder sehr energisch befohlen. Eine feste Hand faßte in meinen Rükken, unter meinen Kopf.

„Ich kann nicht!“ jammerte ich.

„Dummes Zeug!“ schalt die vertraute Stimme. „Nimm dich zusammen, Änne! Du kannst, wenn du willst!“

„Ich kann wirklich nicht“, wimmerte ich.

„Natürlich kannst du!“ wurde mir widersprochen. „Nun los! Trink, und mach endlich die Augen auf! Laß dich nicht so hängen! Du und Herbert, ihr seid beide die gleichen Jammerlappen. Dabei habt ihr aber eine Bibel auf eurem Nachttischchen liegen, klopft große Sprüche von eurem Glauben. Na, wißt ihr, wenn es mit eurem Christentum nicht weiter her ist, so will ich doch lieber eine Judenschickse bleiben.“

Ja, war denn das keine meiner Mitschülerinnen? War das nicht meine treue Freundin Anneliese?

Ich riß die Augen auf. „Mirjam, du?“ fragte ich erstaunt.

Sie saß dicht bei mir auf der Bettkante. Mit der einen Hand hielt sie einen dampfenden Becher, mit dem andern Arm hielt sie mich umfangen. Sie war sehr rot im Gesicht? War es von der Anstrengung, dem lauten Schelten? Oder hatte sie gar selbst Fieber? Oder — oder — sah ich sie nur in meinen Fieberphantasien? War sie gar nicht in Wirklichkeit bei mir?

„Mirjam", stammelte ich. „Bist du es? Wo kommst du her?"

„Frag nicht lange! Trink!" befahl sie und hielt mir den Becher an den Mund. Ich schluckte gehorsam, und schon nach den ersten Zügen trank ich gierig, was sie mir darbot.

„Noch mehr?" fragte sie, als ich den Becher geleert hatte.

Ich nickte. Sie packte aus einer Mappe goldgelbe Biskuits, von denen ich einen nach dem andern mit Heißhunger verschlang; dazu trank ich aus dem neugefüllten Becher. Ich fühlte, wie ich kräftiger, wacher wurde.

„So", stellte Mirjam befriedigt fest, als ich den Vorrat aufgegessen hatte, „jetzt ist dir's anders, gelt! Für deine Leidensgenossinnen hier haben meine Thermosflasche und meine Kuchentüte nicht auch noch etwas gehabt. Du hast ihnen ja nichts übriggelassen, du Nimmersatt! Ich will sie aber nicht im Stich lassen. Doch zuerst mach ich dir einmal dein Bett. Du legst dich dann gesättigt wie eine frisch gefütterte Riesenschlange hinein, und ich steig hinab in die Küchenregionen und schau nach, ob ich da noch ein lebendes Wesen antreffe. Sonst brech ich einfach die Schränke auf und hole, was Eßbares zu finden ist."

„Aber du darfst das doch nicht, Mirjam", widersprach ich aufgeregt. „Du durftest überhaupt nicht in unsern Schlafsaal. Kein Fremder darf hier herein, und es ist noch nicht einmal Besuchszeit. Wenn dich eine Lehrerin erwischt und gar noch in der Küche!"

„Du bist ein Schaf!" erwiderte sie lachend. „Die liegen wahrscheinlich ebenso jämmerlich in ihren Betten wie ihr hier. Und wenn sie mich in der Küche überraschen sollten, so werden sie froh sein, wenn ich hier als freiwillige Krankenschwester erschienen bin, als jüdische Diakonisse!"

Aus den umstehenden Betten ertönte schwacher Beifall. Sie alle waren durch diesen lebensfrohen, gesunden Besuch aus ihrem gleichgültigen Dahindämmern aufgerüttelt worden. Berta, die Kräftigste von uns, sprang aus dem Bett.

„Ich gehe mit, ich zeige den Weg in die Küche", erbot sie sich und zog ihren Mantel über, den sie der Fliegeralarme wegen am Bett hängen hatte.

Nach einer Weile kehrten die beiden mit einer großen Kanne voll Tee und einem Korb voll Zwiebäcken wieder.

„Das muß vorerst reichen", bestimmte Mirjam. „Aber die Köchin ist auf gutes Zureden hin aus ihrem Bett gekrochen. Ich hab mich ihr als Ärztin vorgestellt, ihr den Puls gefühlt und ihr versichert, daß sie nur Angst und ein klein wenig Grippe und keine Lungenpest habe, wie sie beteuerte. Sie wird euch einen Kessel voll Suppe kochen. Nachher, wenn ihr euren ersten Hunger gestillt habt, lüften wir hier und machen die Betten. Waschen und kämmen könnt ihr euch selber."

Ehe die Fenster geöffnet wurden, war es schon, als wehte eine frische Luft durch unsern Schlafsaal. Berta fing sogar schon an, einen ihrer trockenen Witze zu reißen. Ich selbst fühlte mich noch zu elend, um aufzustehen und mich zu waschen und zu kämmen. Da kam Mirjam mit meinem Blechnapf und meinem Schwamm zu mir ans Bett. Die Tränen liefen mir noch die Backen herunter, als sie mir übers Gesicht wischte.

„Warum weinst du denn?" fragte sie sanft.

„Ach, ich weiß nicht", schluchzte ich, „ich habe Heimweh nach meiner Mutter."

Mirjam schaute nachdenklich zur Seite, als suchte sie etwas. Es lag ihr nicht, mich mütterlich zärtlich in den Arm zu nehmen, und als Studentin betonte sie erst recht ihr burschikoses Wesen.

Ihr Blick blieb auf meiner kleinen Bibel auf dem Nachttisch haften. Sie lächelte ein wenig verlegen.

„In eurer Bibel steht dasselbe wie in der unsern", sagte sie. „Ich erinnere mich noch, wie ich von meiner Großmutter gelernt habe, daß unser Gott zu uns spricht: ‚Ich will euch trösten, wie einen seine Mutter tröstet.' Und einmal las sie mir vor: ‚Die auf den Herrn harren, kriegen neue Kraft.' Das gilt doch für Juden wie für Christen, also auch für dich."

Sie stand rasch auf, als schämte sie sich dieser Worte.

„So", bestimmte sie, „nun muß ich noch nach dem andern Patienten, dem Herbert, schauen, daß er mir nicht verhungert. Zu euch komme ich morgen früh wieder. Da will ich euch alle froh und munter sehen."

Es war nicht möglich, dieser Aufforderung völlig nachzukommen. Immerhin hatte der frische Wind, der durch Mirjam in unseren muffigen Schlafsaal geweht war, unsere Lebensgeister angefacht und uns aus der Mutlosigkeit aufgerüttelt.

„Mirjam hat uns vom Tode errettet", seufzte Henny schwärmerisch. Aber nicht einmal die derbfröhliche Berta lachte darüber. Hatte Henny nicht recht? Diesen neuen Lebensmut hatten wir schon am folgenden Tag sehr nötig.

In der Morgenfrühe erschien sehr blaß und hinfällig die kleine zarte Frau unseres Direktors in unserm Schlafsaal und teilte uns mit, daß auf polizeiliche Anordnung die Anstalt geschlossen sei und wir sofort abreisen müßten.

Ein wirres, planloses Packen setzte ein, ein Pakken, das so ganz anders war als das Packen beim fröhlichen Ferienanfang.

Ich war kaum fähig, die steile Treppe zum Speicher hinaufzusteigen, wo unsere Kleiderschränke in langen Reihen standen. Mühselig zog ich mich an dem abgewetzten Treppengeländer hoch. Da, plötzlich griff mir eine kräftige Hand unter die Arme. Es war dieselbe, die mich am Tag zuvor gestützt hatte.

„Vorwärts! Aufwärts, mein Schatz!" kommandierte Mirjams frische, ein klein wenig näselnde Stimme. „Zeig mir deinen Schrank, gib mir deinen Schlüsselbund, den du da so kraftlos hältst. Alles andere werde ich besorgen. Ich hab Übung. Ich werfe alles mit Schwung in den Koffer und setze mich dann darauf. Herbert war gestern abend entsetzt, und sein ordnungsliebendes Gemüt hat sich sicher heute noch nicht darüber beruhigt, daß ich ihm derart sein Bündel schnürte."

„Wie geht es ihm?" fragte ich zaghaft.

„Er wird jetzt bei seiner Frau Mama gelandet sein und gesund gepflegt werden", beruhigte mich Mirjam lachend. „In den Zug hab ich ihn noch gesetzt. Und jetzt sorg ich dafür, daß ich dich auch heimbefördere. Ich fahr sogar mit und liefere dich an eurer Haustür ab."

Ich glaube, ich hätte die Heimfahrt nicht ohne Mirjam geschafft. Mit schwankenden, unsicheren Füßen ging ich dann um die Mittagszeit an ihrer Seite durch die lange Allee, die vom Bahnhof meines Heimatortes ins Stadtinnere führt. Ich hatte die Augen halb geschlossen, ließ mich von Mirjam leiten, die meinen schweren Koffer trug.

Ein Geräusch von vielen schweren Tritten schreckte mich an der Lauterbrücke auf.

Haltsuchend faßte ich nach Mirjams Hand. Ein Trauerzug mit sieben roh gezimmerten Särgen kam uns entgegen.

„Mirjam!" schrie ich erstickt auf.

Auch ihre Augen waren entsetzt geweitet. Doch schon hatte sie sich gefaßt. „Schau nicht hin!" raunte sie mir zu. „Vor uns liegt das Leben!"

Ich sah Mirjam erst wieder, als ich in das Seminar zurückbeordert wurde, um dort vorzeitig die Abschlußprüfung abzulegen. Ich traf sie am heimatlichen Bahnhof, und sie erklärte mir, sie begleite mich, um ihre Sachen zu packen und nach Hause zu holen. Sie wolle dann daheim bleiben, bis wieder ruhigere Zeiten eingekehrt seien.

Herbert tauchte kurz danach auch auf dem Bahnsteig auf. Er machte einen stillen, bedrückten Eindruck, und als wir in die Landeshauptstadt einfuhren, zuckte er jäh zusammen.

„Was hat er?" flüsterte ich Mirjam zu.

„Ach", antwortete sie spöttisch und laut genug, daß er es hören konnte, „es geht ihm durchs Herz, daß die blauweißrote Fahne auf dem Münster weht. Das Münster hat schon so oft die eine oder andere Fahne getragen, sogar eine Jakobinermütze haben sie ihm einmal aufgesetzt, und es ist nicht darunter zusammengebrochen, ist immer dasselbe geblieben. Mir ist es gleich, und dem Münster ist es auch gleich, was da oben flattert."

Herbert hob den Kopf. „Das verstehst du nicht“, fuhr er sie an. „Natürlich ist es dir gleichgültig. Du bist weder Deutsche noch Französin. Du bist eben Jüdin.“

Mirjam wurde jäh totenblaß. Ich erschrak darüber.

„Das hättest du nicht sagen sollen“, murmelte sie mit zuckenden Lippen und wandte sich ab, schaute zum Fenster hinaus.

Dann sprach sie weiter, zum Münster gewandt, das hoch über dem Dächergewirr der alten Stadt ragte: „Aber es ist ja wahr. Doch wir Juden sind das Volk Gottes. Ihr Christen wollt auch das Volk Gottes sein. Gibt es da Grenzen zwischen den einzelnen Nationen?“

„Verzeih!“ sagte Herbert leise.

„Da ist nichts zu verzeihen“, antwortete sie kurz und half mir beim Aussteigen.

Sie begleitete mich bis zu meinem Seminar. Danach kam sie jeden Abend und erkundigte sich unter dem Tor kurz, wie es mir gehe und wie es mit der Prüfung stehe.

Sie war wieder zur Stelle, als ich bestanden hatte, endgültig packte und von dem grauen Haus für immer Abschied nahm.

„Ich fahre mit dir heim“, erbot sie sich wieder. „Ich habe sogar auf dich gewartet, damit wir gemeinsam unsern Einzug in unsere Vaterstadt halten können, noch vor den Franzosen, gelt!“

Die „wunderschöne Stadt“ war wie ein brodelnder Hexenkessel, als wir sie zum letztenmal durchquerten.

Noch fluteten die Nachhuten des deutschen Heeres zurück. Deutsche Soldaten mischten sich in die ersten aufreizenden Klänge der Marseillaise, der französischen Nationalhymne, die hier und da schon keck angestimmt wurde.

Mir war bange. Wieder hielt ich mich wie ein kleines Kind fest an Mirjams Hand.

„Mach dir nichts draus!“ tröstete sie. „Es geht alles vorüber. Vor uns liegt das Leben.“

Noch lauter und gellender tönte mir die Marseillaise in die Ohren, als einige Tage danach der Einzug der Franzosen in meine Heimatstadt feierlich begangen wurde.

Mirjam hatte mich dazu abgeholt. Sie hatte nicht nachgelassen, bis ich ihr zum Marktplatz gefolgt war und dort im Rathaus sogar neben ihr einen Ehrenplatz auf dem Balkon eingenommen hatte. Während die hellen Clairons schmetterten, die Glocken läuteten, die Truppen vorüberzogen, faßte ich nach Mirjams Hand.

„Was hast?“ fragte sie leise. „Schon wieder bange?“

„Ich werde hier fort müssen, die Heimat verlassen. Wir sind doch ‚Altdeutsche‘“, flüsterte ich.

„Weißt, was meine steinalte Großel (Großmutter) sagt?“ raunte sie zurück. „Sie verehrt den weisen König Salomo sehr; darum heißt ja auch mein Vater Salomo. Dieser Weise hat geschrieben: ‚Es ist alles eitel, es ist alles ganz eitel.‘ Das hat die Großel heute früh immer wieder gemurmelt. ‚Es ist alles ganz eitel, auch dieser glanzvolle Einzug.‘ Aber wenn auch alles so eitel und vergänglich ist, vor uns liegt doch noch das schöne Leben. Meinst, ich wäre nicht auch manchmal bange davor? Ich verrat' es bloß nicht. Diese Angst liegt wohl in unserm Volke, da es so oft verfolgt wurde.“

„Aber jetzt nicht mehr“, tröstete ich nun.

„Nein, jetzt nicht mehr", sagte sie vor sich hin, aber ihre Augen schienen über all den Einzugsglanz drunten auf dem Marktplatz hinwegzusehen.

Die letzten Monate in meiner alten Heimat zählen zu den schönsten meines Lebens. Vielleicht waren sie darum so schön, weil über ihnen die verklärende Wehmut des Abschiednehmens lag.

Wir waren eine ganze Schar von jungen Menschen, die vorläufig nicht arbeiten oder nicht weiterlernen konnten und nicht wußten, wo und wie sie ihr Studium fortsetzen würden, wo ihrer eine neue Betätigung wartete. Für Herbert und mich war es klar, daß wir nach Deutschland auswandern mußten.

Vorläufig aber harrten wir jungen Menschen noch, wie sich alles weiterentwickeln, klären und entscheiden würde.

Wir waren jeden Nachmittag beisammen. Weite Wanderungen durch unsere schönen Berge konnten wir nicht unternehmen, da die Stadt ringsum von Posten abgesperrt war. Darum hielten wir uns fast immer auf den alten Stadtwällen auf. Wir spielten dort nicht mehr wie einst als Kinder. Wir wanderten hin und her, führten lange Gespräche, wobei wir uns oft sehr weise dünkten, und scherzten und lachten dann wieder sehr unweise.

An einem Abend traf es sich, daß ich mit Mirjam allein auf der Bank saß, die auf der Höhe stand, von der man gegen Westen über das Tal zu den Bergen hin blickte.

Die andern waren drunten in der Kirche, lauschten Herberts Orgelspiel, traten Bälge, sangen mit oder versuchten, selber zu musizieren. Ich wäre lieber bei ihnen gewesen. Aber Mirjam hatte mich in ihrer besitzergreifenden Weise umfaßt und mit fortgezogen.

„Komm, du leistest mir Gesellschaft!“ hatte sie mich lachend aufgefordert.

Als wir nun nebeneinander saßen und in den Abendglanz schauten, der ein Goldnetz über das Tal wob, war sie nicht mehr so fröhlich.

Ich wußte auch nichts zu sagen. Wir schwiegen lange. Aus der Kirche tönte der Choral zu uns herauf:

„Was Gott tut, das ist wohlgetan.“

Es drängte mich, diesen beruhigenden, tröstenden Klängen näher zu sein.

„Warum gehst du nicht mit in die Kirche?“ fragte ich Mirjam.

„Weil ich nicht dorthin gehöre“, entgegnete sie gelassen. „Man muß immer wissen, wohin man gehört. Darum ist es auch besser, wenn ich mich bald von Herbert und dir trenne. Ihr gehört zu eurer Kirche, ich zu meiner Synagoge. Die schönsten Bildwerke, die ich kenne, sind die der Kirche und der Synagoge am Straßburger Münster. Welche ist die schönste: die triumphierende Kirche oder die gebeugte Synagoge?“

„Natürlich die ergreifende, edle Gestalt der Synagoge“, antwortete ich.

„So sagen alle“, fuhr sie nachdenklich fort. „Dies Kunstwerk ist in Straßburg geschaffen worden. In derselben Stadt haben sie im Mittelalter Tausende von Juden gemartert und verbrannt.“

„Das ist lange vorbei“, fiel ich ein.

„Und es kann sich jeden Tag wiederholen, behauptet mein Vater, der weise Salomo“, entgegnete sie mit einem kurzen Auflachen. „Nein, ich muß schon bei meinem Volk bleiben und ihr bei dem euren.“

Sie umfaßte mich wieder. „Paß mir nur gut auf den Herbert auf, wenn ihr beide überm Bächel seid!" mahnte sie und versuchte wieder zu lachen. Es war ein gezwungenes Lachen.

Ich wagte nicht, ihr in die Augen zu sehen. Ich starrte auf die Berge, die schwarz und scharf gezeichnet vor dem flammenden Abendrot standen.

Am 1. Mai verließ ich mit meinen Eltern meine Heimatstadt. Am Abend zuvor waren wir bei Mirjams Eltern eingeladen gewesen. Wir hatten sonst nicht in ihrem Hause freundschaftlich verkehrt. Aber während viele unserer früheren Freunde sich von uns „Flüchtlingen" zurückgezogen hatten, während mancher „Christ", dem wir bisher gut bekannt gewesen waren, uns kaum noch oder gar nicht grüßte, hatte diese jüdische Familie mit ihrem besten Geschirr für uns den Tisch gedeckt.

Aber trotz dem blitzenden Silber und Kristall, dem gleißenden Porzellan, trotz dem Maiblumenschmuck war es keine fröhliche Mahlzeit.

Es ist wie bei einem Beerdigungsessen, ging es mir durch den Sinn. Am nächsten Morgen, als es noch dunkelte, schleppten wir unser Gepäck durch die schlafende Stadt. Wir hatten die letzte Nacht bei Herberts Eltern zugebracht, die in der Nähe des Bahnhofs wohnten. Herbert war schon einige Wochen vorher zu Verwandten in Deutschland übergesiedelt, um mit dem Beginn des neuen Semesters dort weiterzustudieren. Sein Vater mußte als Beamter noch ausharren, bis für ihn französischer Ersatz eingetroffen war.

Als meine Eltern und ich fröstelnd und müde am Bahnhof anlangten, löste sich ein dunkler Schatten von einem der alten Bäume der Allee. Ein zweiter folgte ihm. Sie kamen beide auf uns zu. Sie begleiteten uns nicht nur, ohne viele Worte zu machen, auf den Bahnsteig, sie stiegen auch mit uns ein und blieben auf der kurzen Bahnfahrt bei uns — Mirjam und ihr Vater.

Ich hatte meine zitternde, frierende Hand wieder einmal in Mirjams fester, warmer Rechten geborgen, als wir dann miteinander zum Rhein wanderten.

Immer näher kamen wir der Brücke, die über den Strom führte, der Brücke, die verband und trennte. Schon war das Glitzern und Gleiten, das Rauschen des Wassers dicht vor uns.

Mirjam begann leise, wie zu sich selbst, vor sich hin zu sprechen: „Als Josua mit dem Volk Israel über den Jordan gehen mußte, da sagte ihm unser Gott zuvor zweimal — so steht es geschrieben —: ‚Sei nur getrost und unverzagt!' und zweimal: ‚Sei nur getrost und sehr freudig!'"

Sie drückte mir schmerzhaft fest die Hand. Dann traten wir auf die Brücke, meine Eltern und ich schritten darauf weiter, immer weiter über den Strom hinüber.

Noch einmal winkten wir uns durch die lichten Morgenschleier zu. Die Sonne war aufgegangen. Die Glocken der Heimat läuteten. Vor mir lag ein unbekanntes, unter den Folgen des Krieges leidendes Land. Ich wußte nicht, was meiner dort wartete, wie wir dort aufgenommen würden.

„Sei nur getrost und sehr freudig!" rief mir Mirjam mit ihrer hellen Stimme nach. „Sei nur getrost und unverzagt! Das Leben liegt vor dir!"

Die Morgenglocken läuteten.

„Grüß' mir Herbert!" tönte es noch sehr fern und verweht. Oder hatte ich es mir nur eingebildet?

Der Strom rauschte unter uns und schob seine Wassermassen unaufhaltsam nach Norden, wohin wir uns nun auch wenden wollten. „Du lässest sie dahinfahren wie einen Strom!", so hatte mir Mirjam vor Jahren gesagt und hinzugefügt: „Alle Ströme münden in Ihn."

Es dauerte eine Reihe von Jahren, bis ich den Gruß an Herbert ausrichten konnte. Während mich mein Weg nach Norden führte, studierte er in Süddeutschland. Dort wurde er später als Pfarrer angestellt.

Noch mehr Zeit verging, ehe ich bei einem Besuch in der alten Heimat Mirjam wiedersah.

Wieder — wie bei meinem Abschied von dieser Heimat — war an einem Abend in Mirjams Elternhaus der Tisch mir zu Ehren festlich gedeckt. Und wieder kam trotz dem fröhlich blitzenden Silber und Kristall, trotz dem Blumenschmuck keine fröhliche Stimmung auf.

Es lag nicht daran, daß ich immer noch um den Verlust dieser Heimat getrauert hätte, so lieb ich sie auch immer noch hatte. Ich war meinen Weg getrost und freudig gegangen und war nicht allein darauf gewandert, sondern an der Hand dessen, der Wolken, Luft und Winden gibt Wege, Lauf und Bahn und der auch mich recht führte.

Aber ich gehörte zu dem Volk, in dem der Judenhaß immer offenbarer, kecker und ungehemmter sein Haupt erhob.

Mirjams Mann, mit dem sie knapp ein Jahr verheiratet war und der mit ihr zu Besuch bei ihren Eltern weilte, behandelte mich zwar höflich, aber auch sehr kühl und fast abweisend. Von Mirjam selbst war die frische, fast burschikose Art ihrer Studentenjahre abgeglitten. Sie saß da sehr still und mit dem kleinen Lächeln, das ich bei den Töchtern ihres Volkes so oft festgestellt hatte und nicht deuten konnte.

Nach dem Essen machten wir — es war ein linder Sommerabend — noch einen kleinen Spaziergang den Lauterbach entlang. Wir gingen über die Brücke, auf der wir damals standen, als Mirjam mir das Psalmwort sagte: „Du lässest sie dahinfahren wie einen Strom."

Lindenduft wogte über die alten Dächer, Glühwürmchen flirrten wie ruhelose kleine Seelen.

Mirjams Mann und ihr Vater gingen ein Stück voraus. Ihre Mutter war im Hause geblieben. Mirjam und ich waren zum erstenmal wieder nach vielen Jahren miteinander allein. Die Sommernacht machte vertrauter, löste Herz und Zunge.

„Bist du glücklich, Mirjam?" fragte ich sie geradeheraus.

Sie zuckte die Achseln. Ich sah im gelblichen Schein einer matten Straßenlaterne ihr kleines Lächeln.

„Ich bin glücklich, weil ich ein Kind erwarte, obwohl es in dieser Zeit wohl kein Glück bedeutet, als Jude geboren zu werden", entgegnete sie mit gedämpfter Stimme.

„Bist du mit deinem Mann glücklich?" drang ich in sie und schämte mich sogleich meiner zudringlichen Frage.

Sie schwieg zuerst. Dann antwortete sie langsam und nachdenklich: „Er gefiel mir. Ich habe ihn nicht ungern zum Mann genommen oder mich von ihm als Frau nehmen lassen. Er ist nicht so, wie ihr in euren

Karikaturen den Juden darstellt. Du siehst ja: er ist groß, schlank, sportlich. Dazu ist er klug, vermögend, was will ich mehr? Meine Eltern haben gut für ihre einzige Tochter gewählt. Ich kann mich nicht beklagen. Nur einen Fehler haben sie gemacht: sie hätten mich nicht jahrelang studieren lassen sollen. Da fällt nachher das Gehorchen schwer."

„Gerade du hast mich einst auf den Weg des Gehorsams gewiesen!" fiel ich ein.

„Davon weiß ich nichts, kleine Änne", widersprach sie.

Ich überlegte. „Du tatest es auch unbewußt", gab ich zu, „aber doch warst du die Veranlassung, daß ich Gehorsam lernte."

„Kleine Änne", sagte sie und strich mir über den Kopf, „ich mein', du warst immer so ein braves Schäfchen, das mich manchmal zur rechten Weide geschubst hat. Darum wollten meine Eltern ja auch so gern, daß du bei mir bliebest und mit mir studiertest. Wahrscheinlich wäre ich dann fügsam geworden. Nun, meinen Eltern war ich gehorsam. Aber mein Mann hat es nicht leicht mit mir."

Sie lachte auf, fuhr mit gepreßter Stimme fort: „Es wird ja nicht nur in unserem Volk Gehorsam von der Frau verlangt. Schreibt euer Goethe nicht auch: ‚Dienen lerne beizeiten das Weib nach ihrer Bestimmung, denn durch Dienen allein gelangt sie endlich zum Herrschen!' Vom Herrschen hab' ich zwar noch nichts gemerkt, außer daß mich meine Schwiegermutter als herrschsüchtig bezeichnet."

„Wir haben noch einen andern, einen größeren als Goethe, der uns Gehorsam lehrt", sagte ich ernst. „Den Einen meine ich, von dem geschrieben steht, daß er gehorsam war bis zum Tode am Kreuz. Er geht uns auf dem Weg des Gehorsams voran. Er ist unser Vorbild."

„Mein Vorbild kann er nicht sein", entgegnete Mirjam leise, „ich gehöre zu meinem Volk."

„Aber Er gehört auch zu deinem Volk", fiel ich ein.

„So treffen wir uns vielleicht einmal in unserem Volk. Tröst' dich damit, kleine Änne!" entgegnete sie und strich mir wieder über den Kopf. „Es wäre schön, wenn wir uns einmal träfen", fügte sie kaum hörbar hinzu, „auch Herbert."

Am nächsten Tag nahm ich Abschied von Mirjam und ihrer Familie. Ihr Mann verbeugte sich flüchtig vor mir. Ihr Vater drückte mir herzlich die Hand. Sie selbst umarmte mich leicht. Sie hatte ihr kleines, undeutbares Lächeln dabei, das manchmal beinahe wie ein verborgenes Weinen wirkte. Ihre Mutter, die kleine, zierliche Frau, drückte mich schluchzend an sich.

„Gelt, wir behalten einander lieb", bat sie, „wenn wir auch Juden sind und ihr Christen seid. Wir wollen beweisen, daß noch nicht alle Lieb und Treu gestorben ist."

„Ja, wir behalten einander lieb!" versprach ich. Und dabei schaute ich nach Mirjam hinüber, die sich mit ihrem Lächeln in den dämmrigen Torbogen zurückgezogen hatte. Ein Streifen Sonnenlicht fiel in das Dunkel hinein und ließ ihre goldblonden Haare flirren. So behielt ich sie jahrelang in Erinnerung. Wie ein Rahmen war das Tor um ihre helle Gestalt.

„Leb wohl, Mirjam", murmelte ich, als ich mich zum Gehen wandte und noch einmal umschaute. Aber das hörte sie wohl nicht mehr. –

Ich hatte versprochen, Mirjam und ihren Eltern Liebe und Treue zu bewahren, und dann wagte ich es doch nicht, meine alte Heimat zu besuchen, einfach, weil ich zu feige war, das jüdische Haus zu betreten, und auch zugleich, weil die alte Zuneigung zu diesen Juden trotz aller Judenhetze, die mich wie Schmutzwasser immer höher umwogte, noch zu stark war, als daß ich an diesem Hause kalt hätte vorübergehen können, ohne einen Fuß hineinzusetzen.

Erst 1942, als das deutsche Heer auch meine Vaterstadt eingenommen hatte, kehrte ich wieder einmal dorthin zurück. Nun konnte ich ja sicher sein, daß ich keinen von Mirjams Familie mehr antreffen würde.

Ich hatte richtig vermutet. Das gute alte Haus schaute mit großen leeren Fensterhöhlen anklagend auf mich herab.

Fragte ich bei vertrautesten und vertrauenswürdigsten Freunden scheu und heimlich flüsternd nach seinen Bewohnern, so antwortete mir nur ein verlegenes, fast schuldbewußtes Achselzucken.

Aber wie konnte man bei diesen Menschen des besetzten Gebietes, die selbst von Gefängnis und Konzentrationslager bedroht waren, von Schuld sprechen! Oder schämten sie sich vor mir, für mich der Schuld meines Volkes?

Und dann kam mir doch noch unerwartet ein Gruß von Mirjam. In einem der durch Kriegshandlungen schwer beschädigten Nachbardörfer fand ich bei einem Besuch einer befreundeten Bauernfamilie das zierliche Tischlein wieder, das mich mit seinen Buchattrappen als Kind beeindruckt und entzückt hatte.

„Oh!" rief ich bei seinem Anblick überrascht aus, „wie kommt das denn hierher?"

Die junge Bäuerin errötete, wischte verlegen mit dem Schürzenzipfel über die blanke Platte.

„Das hat die Großel mit in die Ehe gebracht“, entgegnete sie hastig und ging hinaus. Kurz danach hörte ich sie auf dem Hof reden. Sie kam auch zum Vesperbrot nicht mehr in die Stube zurück.

Die Großmutter, von der dies Tischchen stammen sollte, war bei dieser Unterhaltung nicht anwesend gewesen. Ich war gewiß, daß die aufrichtige alte Christin mir die Wahrheit sagen würde, selbst wenn sie ihr unangenehm wäre.

Ich wartete, bis ich tags darauf mit ihr allein in der Stube war. „Großel, wie kommt dies Tischchen hierher?“ erkundigte ich mich bei ihr.

Sie lächelte verlegen. „Gefällt's dir?“ fragte sie dagegen. „Ich gäb dir's gern. Ich wär froh, wenn es nicht mehr hier ständ'. Aber ich kann's nicht fortgeben. Es gehört uns gar nicht. Ich hoffe immer, der rechte Besitzer findet sich wieder, und wir können's ihm zurückgeben.“

„Das versteh ich nicht. Es ist doch ausgeschlossen, daß ihr unrecht Gut in eurem Haus habt“, erkundigte ich mich weiter.

„Gestohlen ist es nicht gerad“, erklärte die alte Frau eifrig, „aber rechtmäßiger Besitz ist es auch nicht, und so etwas kann keinen Segen bringen. Ich hab' schon manchen Disput deswegen mit meinem Schwiegersohn gehabt. Er hat es nämlich ins Haus gebracht. Aber er ist auch nicht so schuldig. Es ist ihm sozusagen aufgedrängt worden, und er hat nicht gewagt, es abzulehnen. Wer wagt denn heute so etwas! Andere haben sich kein Gewissen daraus gemacht, Wagen voll Möbel und Bettzeug und Teppichen anzunehmen, und da meint der Jakob, das Tischel wär gar nicht der Mühe wert, daß ich manchmal so einen Lebtag darum mach'. Aber ich bleib dabei, es muß aus dem Haus, sobald wir wissen, wem es rechtmäßig gehört. Es einfach auf die Gaß' werfen, das wär auch nicht das richtige. So heben wir's denn auf für den, dem es gehört."

„Ja, wem gehört's denn?" fiel ich ein.

„Ja, Kind, wenn wir das wüßten, da ständ' es nicht hier", erwiderte die alte Frau. „Es ist von den Judenmöbeln, die an die Leut verteilt worden sind, die Kriegsschäden hatten. Eines Tags hatte der Jakob in der Stadt zu tun, und da haben sie's ihm auf den Wagen geladen, und er hat's mitgebracht."

Ich strich über das Tischchen, wie man abschiednehmend über den Sarg eines geliebten Toten streicht.

„Leb wohl, Mirjam!" sagte ich leise.

Vier Jahre später war die Schreckensherrschaft Hitlers in Blut und Asche zusammengebrochen. Ich hatte viel Grund zum Danken für alles, was mir durch Gottes Gnade geblieben war.

Auch Herbert, der seit Jahren verheiratet und immer noch Pfarrer in Süddeutschland war, hatte den Krieg gesund überstanden, er wie seine Frau, seine beiden Söhne und seine Tochter. So meldete mir sein erster kurzer Brief, der mich nach Kriegsende erreichte. Wir hatten einander immer seltener geschrieben. Seine Frau, eine Süddeutsche aus der dortigen Gegend, hatte ich so wenig kennengelernt wie seine Kinder. Aber die Verbundenheit war doch noch zu spüren. Das merkte ich wieder einmal an der Freude, die ich über dies Lesezeichen, diese tröstliche Nachricht empfand.

Noch erfreuter, noch überraschter war ich, als ich eines Tages eine Karte mit einer Schweizer Marke in der Hand hielt und Mirjams charakteristische Schriftzüge erkannte, die sich auch nach Jahrzehnten kaum geändert hatten.

Sie, ihr Mann und ihr Sohn lebten. Ihre Eltern erwähnte sie nicht. „Lebst Du noch?" fragte sie bei mir an und fügte hinzu: „Ein Wort von Dir würde mich sehr glücklich machen. Noch mehr würde mich ein Wiedersehen erfreuen. Ich begleite nächsten Monat meinen Mann nach Düsseldorf, wo er geschäftlich zu tun hat. Wenn Du immer noch in Deinem westfälischen Dorf wohnst, so wäre vielleicht ein Treffen möglich. Könntest Du Dich freimachen und einen Nachmittag nach Düsseldorf kommen?"

Gewiß konnte ich das. An dem vereinbarten Tag fuhr ich schon morgens nach Düsseldorf zu Freunden und rief Mirjam in ihrem Hotel an. Ich versprach, sie dort aufzusuchen, und sie versprach, mir entgegenzukommen.

Auf der „Kö", der weltberühmten Düsseldorfer „Königsallee", sahen wir uns nach zwei Jahrzehnten wieder.

Aus dem dahinflutenden Menschenstrom trat eine zarte, schier zerbrechlich wirkende weißhaarige Dame auf mich zu, umarmte mich ungeachtet der belustigten Zuschauer um uns her, küßte mich auf beide Wangen und tupfte dann mit einem duftenden Taschentüchlein die roten Spuren ihrer Lippen von mir ab.

Das war Mirjam! Ich fand zuerst keine Worte. Ich starrte sie fassungslos an. Diesmal war das Lächeln, mit dem sie auf mein Staunen antwortete, belustigt, spöttisch und sehr wehmütig.

„Ja, da wunderst du dich", sagte sie schließlich. „Das bin ich! Hast dich noch nicht von der Überraschung erholt? So ändern wir uns halt!"

Ja, nun war ich anscheinend die Kräftigere, Gesündere, und aus der lebensprühenden, goldhaarigen Mirjam war diese weißhaarige Frau geworden, deren rosige Farbe nicht über das welke Gesicht hinwegtäuschen konnte.

„Komm!" sagte sie, „was du mir sagen willst, holst du nachher nach, wenn du die Sprache wiedergefunden hast! Wir haben der Umwelt jetzt genug Schauspiel geboten. Wir gehen jetzt ins Hotel. Ich hoffe, daß mein Mann ausgeschlafen hat. Leider habe ich so wenig Zeit für dich. Sei mir nicht bös, wenn ich dich bitte, mich auf einigen dringlichen Einkäufen zu begleiten. Wir können dann zwar nicht viel miteinander reden, sind aber wenigstens beisammen. Das nächste Mal soll es besser werden. Dies wird ja nicht unser letztes Treffen sein. Heute abend gehen wir drei zusammen ins Konzert; wir haben schon die Eintrittskarten. Gelt, du hörst auch gern Musik! Ich bin immer noch unmusikalisch wie eine Krähe und kann eine Tanzmusik nicht von einem Trauermarsch unterscheiden. Aber meinen Mann beruhigt Musik. Bitte, frage in seiner Gegenwart nicht nach dem, was wir erlebt haben, auch nicht nach meinen Eltern! Und wenn du mit mir allein bist, so frag lieber auch nicht danach! Das Gehorchen hab ich nun gelernt. Jetzt muß ich das Vergessen lernen, und glaub mir, das ist schwer, furchtbar schwer."

„Und das Vergeben", fügte ich zaghaft hinzu.

Sie schaute mich mit ihren einst so strahlend blauen Augen an, die jetzt sehr blaß geworden waren und müde, unruhig, als wie unter der Erinnerung großer Schrecken.

„Vergeben?“ wiederholte sie. „Ach, das ist solch eine arge Lektion. Manche Leute behaupten, sie könnten vergeben, aber nicht vergessen. Reden nicht oft Christen so? Ich überlege gar nicht, ob ich vergeben kann. Ich möchte vergessen, nichts als vergessen. Manchmal überkommt es mich. Da möchte ich in einen tiefen Brunnen springen. Nicht um das Leben fortzuwerfen, das mir so wunderbar erhalten blieb. Nein, um auf einer großen Wiese voller Blumen aufzuwachen wie die Goldmarie in dem Märchen von der Frau Holle und alles vergessen zu haben, was droben auf der Erde Häßliches und Böses und Erschreckendes war und ist. Also bitte, rühr nicht daran! Sei gehorsam, wie ich jetzt gehorsam geworden bin.“

Ja, sie hatte Gehorsam gelernt. Das merkte ich im Laufe des Nachmittags, den wir miteinander verlebten.

Wir fuhren mit ihrem Mann, der mich freundlicher und aufgeschlossener begrüßte als bei unserer ersten Begegnung, kreuz und quer durch die Geschäftsstraßen Düsseldorfs. Er blieb vor den Kaufhäusern mit mir im Wagen sitzen. Mirjam ging hinein. Als sie wieder herauskam, war sie schwer bepackt, und mit Waren beladene Verkäuferinnen folgten ihr. Sie ließ ihren Mann unter Koffern, Aktenmappen, Wäschestücken wählen. Dann kehrte sie in das Geschäft zurück, um mit neuer Auswahl zu erscheinen oder endgültig zu kaufen und zu bezahlen.

Ich wunderte mich, ich ärgerte mich geradezu über diese demütige Dienstbeflissenheit. Das ging nach meiner Ansicht zu weit. Das war mehr als Gehorsam. Das war ja schon beinahe Erniedrigung. War das vielleicht Demut, von der geschrieben steht: „Durch Demut achte einer den andern höher als sich selbst“? Dann war Mirjam, die Jüdin, eine bessere Christin als ich. Mich regte diese Unterwürfigkeit auf. Wäre es nicht Sache des Mannes gewesen, der schwachen, anscheinend recht hinfälligen Frau all diese Gänge abzunehmen?

Orientalisch ist das, murrte ich für mich. Aber die Frauen im neuen Staate Israel sind doch selbständiger, selbstbewußter als die Frauen im alten Europa, kämpfen Seite an Seite mit den Männern.

Hatte Mirjams Gatte meinen schweigenden Unwillen bemerkt? „Sie ist ein Engel“, sagte er zu mir, als sie wieder einmal in einem Laden verschwunden war, und das klang aufrichtiger und herzlicher als all seine Höflichkeit, die ich bisher von ihm erfahren hatte.

Am Abend saßen wir nach der Hetze des unruhigen Einkaufnachmittags nebeneinander im Konzert. Ich beobachtete Mirjam verstohlen von der Seite, während die dunkel klagenden, die aus lichten Höhen tröstenden Akkorde der „Unvollendeten“ von Schubert auf uns herniedertauten. Woran mochte sie nun denken? Kämpfte sie wieder gegen Erinnerungen, Schrecken vergangener Tage an? Oder strömte auch auf sie, die Unmusikalische, die Ruhe dieser Symphonie herab?

Sie hatte die Augen geschlossen und den Kopf zurückgelehnt. In dem matten Dämmerlicht, das alle Farben auslöschte, erschien sie mir wie eine sehr müde, von Leid und Entsagung gezeichnete, von schweren Wegen ausruhende Mater dolorosa.

„Ich bin sehr müde", sagte sie, als wir später zu dem ziemlich weit entfernten Parkplatz schritten.

Sie hängte sich wieder an meinen Arm. Konnte ihr Mann ihr nicht eine bessere Stütze sein, oder verfiel sie in die Gewohnheit unserer Jugendtage? Wollte sie mir damit eine kleine Zärtlichkeit bezeigen?

„Es tut mir so leid, daß wir so wenig voneinander hatten und du doch für uns die Reise gemacht hast; sei nicht böse darum", entschuldigte sie sich. „Die Zeit drängte. Morgen in aller Frühe müssen wir schon wieder fort."

„Aber einen Blitzbesuch bei der alten Jugendliebe Herbert leisten wir uns doch noch im Vorüberfahren", scherzte ihr Mann. „Jetzt ist es ja nicht mehr gefährlich, seit bei Mirjam die Inflation so stark eingesetzt hat, aus dem Goldhaar ein Silberhaar geworden ist."

„Nein, jetzt ist es nicht mehr gefährlich", stimmte sie lächelnd bei.

„Ich bin dir dankbar, daß du ihm sogleich meine Anschrift gesandt hast", wandte sie sich dann an mich. „Er schrieb mir sofort und lud uns ein. Er ist wohl auch der Ansicht, daß wir einander jetzt ohne Bedenken gern haben dürfen, wir alten Leute. Seine beiden Söhne sind schon weit in ihrem Studium. Unser Sohn fängt in diesem Herbst auf der Universität an. Wir wissen noch nicht wo. Am liebsten schickten wir ihn für ein paar Semester nach Deutschland, damit er die Sprache Goethes und seiner Mutter lernt."

„Wir wissen so wenig von unserm Sohn", fiel Mirjams Mann ein. „Wir hatten ihn all die Jahre in einem englischen Internat gut aufgehoben und holen ihn nächste Woche ab. Wir konnten ihm vorher keine feste

Heimat oder wenigstens Heimstätte bieten. Wir müssen einander erst richtig kennenlernen. Am schwersten und doch auch am wichtigsten wird mir sein, mich mit ihm darüber auszusprechen, daß wir Juden sind. Er muß das klar sehen, wenn er ins Leben hinaustritt. Er darf nicht unvorbereitet sein, wenn ihm Haß, Verachtung begegnet, wenn ihm und seiner Jugendfreude damit eine Last auferlegt wird, ein Schatten über ihn fällt. Er muß wissen: Wir stehen unter einem Fluch."

„Sie stehen unter einem Segen", widersprach ich. „Das müssen Sie Ihrem Sohn sagen. Der Herr sprach zu Abraham: ‚Durch dich sollen gesegnet werden alle Geschlechter auf Erden.' Er sprach zu Ihrem Stammvater Jakob: ‚Ich will dich segnen, und du sollst ein Segen sein.' Das gilt heute noch wie vor tausend und mehr Jahren."

Ich hob die Augen auf. Über den unruhig und grell aufzuckenden grünen, roten, blauen Lichtreklamen der Großstadt standen still und erhaben die Sterne.

Ich wies mit einer kleinen Kopfbewegung hinauf.

„‚Sieh gen Himmel und zähle die Sterne. Kannst du sie zählen? Also soll dein Same werden.' So hat der Herr zu Abraham geredet", sagte ich.

Wir schauten alle drei schweigend zu den Gestirnen auf. Um uns war das Brausen der rastlosen Großstadt. Über uns war der ewige Frieden Gottes.

Mirjams Mann reichte mir die Hand. Es war eine überraschend weiche, schlaffe, kraftlose Hand.

„Ich danke Ihnen", sagte er. „Ich will mich Ihrer Worte erinnern, wenn ich meinen Sohn wiedersehe. Israel hat dennoch Gott zum Trost."

Der Brief, den ich vierzehn Tage später von Herbert

erhielt, zündete ein helles Freudenlicht in mir an. War es nicht wundervoll, was Mirjam und ihr Mann bei ihrem Besuch mit Herbert und seiner Frau vereinbart hatten? Ihr Sohn würde in das Pfarrhaus übersiedeln, um von dort aus in der nahen Universitätsstadt zu studieren. Und Herberts Tochter würde ein Jahr Mirjams Haus- und Pflegetochter sein, um sich gleichzeitig in Genf in der französischen Sprache zu vervollkommnen und allerlei Kurse zu besuchen.

Gab es einen schöneren, versöhnlicheren Ausklang für eine Jugendfreundschaft, ja vielleicht sogar Jugendliebe?

Ja, war es nicht noch mehr? Eine Brücke der Menschlichkeit, der Freundschaft zwischen Christen und Juden, zwischen Deutschen und Juden? –

Wenn dies eine erdachte Geschichte wäre, so würde ich wohl am besten jetzt Schluß machen. Aber der schlichten, ungeschminkten Wahrheit zuliebe will ich bis zu Ende erzählen, bis zu dem vorläufigen Ende, denn unsere Freundschaft, die Freundschaft zwischen Mirjam und mir, besteht weiter.

Im Sommer, als sie ihren Sohn zu Herbert gebracht hatten, wollten Mirjam und ihr Mann mich besuchen. Diesmal sollte es endlich ein richtiges, geruhsames Zusammensein werden.

Voller Freude hatte ich meine Vorbereitungen für die Gäste getroffen. Aber anstatt ihrer kam ein Eilbrief von Herbert. In der Gluthitze des Julitages war Mirjams Gatte auf der Fahrt einem Herzschlag erlegen. Sie hatte von einem Rheinhotel aus Herbert angerufen. Seine beiden Söhne waren sogleich zu ihr geeilt, um ihr beizustehen. Er selber hatte dem Sohn die Nachricht weitergegeben. So war das Band zwischen den beiden Familien im Leid noch mehr gehärtet und bewährt worden.

Sie sind einander auch fernerhin Freunde geblieben. Seit Mirjams Sohn sein Studium beendet hat, besuchen die jungen Menschen einander noch häufiger als die alten. —

Im vergangenen Jahr saß ich einmal mit Mirjam auf einer Schwarzwaldhöhe. Wir schauten in den Abendschein hinter den Bergen unserer alten Heimat.

„Um den Abend wird es licht sein", sagte sie sinnend. „Es war ein heißer und oft dunkler Tag, und es war bitter schwer, Gehorsam zu lernen. Weißt du noch, wie wir davon sprachen?"

„Aber als ich dich dann in Düsseldorf wiedersah, da bewunderte ich dich, wie vortrefflich du Gehorsam gelernt hattest", erwiderte ich.

„Bewundere mich nicht zu sehr!" wehrte sie ab. „Ich will nicht besser vor dir erscheinen, als ich bin. Mein Mann hat es nicht immer leicht mit mir gehabt. Bis ich in den letzten Jahren wußte, als Ärztin genau erkannte, daß er jeden Augenblick sterben konnte. Da bin ich ganz klein geworden und — ganz glücklich. Ich habe in jener Nacht ganz still und ganz allein neben dem Toten gesessen, und ich wußte, daß ich mit ihm den rechten Weg, den Weg des Gehorsams gegangen, geführt worden war. Und ich habe in dieser Nacht gedankt, ihm, meinem Mann, und meinem Gott.

Und jetzt liegt das Leben hinter uns und nicht mehr vor uns, wie ich dir immer zurief."

Ich schaute in den Goldglanz, der die Berge, das Rheintal überflutete.

„Liegt das Leben, das wahre Leben nicht doch noch vor uns?"

Ein wunderschöner Wintertag

Kein Kind ist wohl am ersten Schultag so verlassen und einsam gewesen wie ich. Meine Mutter hatte den Fuß gebrochen. Mein Vater war zu pflichtbewußt, um eine Stunde sein Büro zu verlassen. So kam es, daß mich der Lehrjunge des Lebensmittelgeschäftes in dem Haus, wo wir damals wohnten, an der Hand nahm und in seinem nicht mehr ganz weißen Kittel mit mir die Neuengasse hinauflief und mich eilig in die Klasse stieß, worin schon eine Reihe Kinder versammelt waren. Eine Anzahl Mütter standen auch dabei. Aber die gingen nach und nach. Und als ich dann so allein und verlassen in dem großen Raum unter den fremden Kindern stand, da trat ein kleines Mädchen auf mich zu, das mich mit seinen goldenen Locken und tiefblauen Augen an meine Weihnachtspuppe erinnerte, nahm mich fest an der Hand und sagte: „Du gehörst mir. Mein Papa hat dich gesund gemacht." Und darauf zog sie mich neben sich in die erste Bank.

Das war Mirjam, die da in mein Leben eingriff und es jahrelang beherrschte. Ich habe schon früher ausführlich von ihr erzählt, und darum dürfte ich es eigentlich nicht wiederholen. Aber ich kann nicht anders! Ich muß wenigstens etwas von ihr niederschreiben. Ist sie doch meine erste Kinderfreundschaft, die ein ganzes Leben lang anhielt.

Nun wollte ich zwar, wie auch später dann und wann, gegen ihr energisches Zufassen protestieren. „Der liebe Heiland hat mich gesund gemacht", widersprach ich leise. Aber dann fiel mir ein, daß meine liebe Mutter mir gesagt hatte, daß die Ärzte Helfer Gottes sind, die zu unserer Genesung beisteuern.

Als mich Mirjam dann nach Hause gebracht und mit dem Versprechen verabschiedet hatte: „Ich hole dich morgen früh ab“, beeilte ich mich sehr, meine Mutter noch einmal zu fragen, wie es damals bei meiner schweren Krankheit gewesen wäre.

Mutter hatte ja nun viel Zeit, weil sie kaum gehen konnte. Sie saß die meiste Zeit mit ihrem Stopfkorb am Fenster, während unsere Selmel unter ihrer Anleitung im Haushalt hantierte. Ich setzte mich, wie so oft, auf das Bänkchen zu Mutters Füßen, und sie erzählte mir, was sie mir schon so oft erzählt hatte. Ich selber konnte mich ja nicht daran erinnern, weil ich lange Tage besinnungslos in heftigen Fieberphantasien gelegen hatte.

Wir wohnten damals noch in dem großen düsteren Haus am Krautmarkt, in dem außer uns nur noch die Besitzerin, Madame Mayer, mit ihrer Hausangestellten, der Lene, hauste. Eine Nacht waren meine Eltern von meinem lauten Jammern und Schreien geweckt worden, und als der Vater Licht angezündet hatte, da waren sie entsetzt zurückgeprallt, solch fieberheißen Kopf hatte ich.

Mein Vater zog sich hastig an und lief zu unserem alten Doktor. Aber der war nicht zu Hause. Als mein Vater verstört zurückkam, steckte Madame Mayer ihren weißen Kopf mit dem Spitzenhäubchen zur Schlafzimmertür herein, um nachzuschauen, was für eine ungewohnte Unruhe mitten in der Nacht bei uns war.

Sie schlug gleich die Hände vor Entsetzen zusammen, als sie mich erblickte. Doch dann hatte sie sich gefaßt und riet: „Laufen Sie zum Fischmarkt, zum Doktor Levy. Das ist noch ein ganz junger Arzt und noch nicht lange hier. Aber er ist tüchtig. Er ist Jude, das hören

Sie schon am Namen. Aber Sie haben sicher schon an mir gemerkt, daß Juden auch nicht so übel sind, und dumm sind sie bestimmt nicht."

Mein Vater eilte wieder fort, und bald darauf hörte meine angstvoll lauschende Mutter hastige Schritte auf der Treppe. Vater hatte den Arzt mitgebracht. Es war ein schlanker blonder Mann mit klugen blauen Augen. Wie ein Jude sah er nicht aus. Aber das war meinen Eltern völlig gleichgültig. Er untersuchte mich gewandt und gründlich und stellte leider eine doppelseitige Lungen- und Rippenfellentzündung fest. Er verschrieb Medizin und machte selber die erste Packung, die meine Mutter dann regelmäßig wiederholen sollte.

Von da an kümmerte sich der junge Arzt rührend um mich. Er kam zu jeder Tages- und Nachtzeit. „Ich habe selber ein einziges Töchterlein in diesem Alter. Ich weiß, wie es Ihnen ums Herz ist", sagte er zu meinen Eltern. Er ermutigte sie, sprach ihnen Trost zu, aber er machte ihnen keinen blauen Dunst vor und verhehlte nicht, daß er wenig Hoffnung hatte. „Auch ärztliche Kunst hat ihre Grenzen", gab er zu, „da kann nur ein Größerer helfen, vor dem wir uns alle beugen."

„In der kommenden Nacht ist die entscheidende Krisis", kündigte er eines Tages an. Am Nachmittag kam ein Gast in unser Haus, der regelmäßig bei uns einkehrte und übernachtete. Es war Prediger Theophil Schaeffer, der jeden Monat einmal Bibelstunde in der Gemeinschaft hielt. An diesem Tag war sein Stübchen bei uns nicht für ihn gerichtet und kein Tisch für ihn gedeckt. Es war überhaupt kaum ein Zimmer bei uns in der gewohnten Ordnung, und niemand dachte an ein geregeltes Abendessen. Das ganze Haus war verändert. Es war ein Flüstern, ein sehr sachtes Türöffnen und -schließen und allerlei Schluchzen darin, und nur aus dem Schlafzimmer hörte man lautes Schreien und Singen. Wenn man aber näher hinzutrat, so merkte man, daß es ganz verwirrtes Rufen und abgebrochener, schriller Gesang war. Ich lag immer noch in wilden Fieberphantasien, und meine Eltern sowie die teilnehmenden Freunde und Bekannten, die kamen, um sich nach meinem Befinden zu erkundigen, hatten keine Hoffnung mehr.

Als Bruder Schaeffer dieses Herzeleid sah, zog er sich still in sein gewohntes Stübchen zurück. Keiner achtete in dem aufgeregten Hin und Her auf ihn, und als endlich unsere Selmel in dies Schlafkämmerchen trat, um dort etwas aus dem Schrank zu holen, da fand sie ihn zu ihrer Überraschung auf den Knien liegend und so inbrünstig betend, daß er gar nicht bemerkte, daß jemand eingetreten war. Etwa eine halbe Stunde danach trat er in unsere Schlafstube. Meine Eltern saßen beide an meinem Bettchen. Gerade war der Arzt wieder da. Bruder Schaeffer ging ruhig auf meine Mutter zu, reichte ihr die Hand und sagte mit fester Stimme: „Ihr Kind wird nicht sterben, sondern leben und die Werke des Herrn verkündigen."

Doktor Levy warnte: „Erwecken Sie bei den Eltern keine falschen Hoffnungen!" Bruder Schaeffer ließ sich seine Zuversicht nicht nehmen. Er erwiderte: „Ich wiederhole: Ich habe die Gewißheit, daß dies Kind leben und die Werke des Herrn verkündigen wird."

Am anderen Morgen, als der Tag erst dämmerte, war der Arzt schon, notdürftig angezogen, in Hauspantoffeln bei uns. Meine Mutter eilte ihm entgegen. Sie rief freudestrahlend: „Das Fieber ist gefallen. Sie hat nur noch 37, 2."

„Geben Sie mir das Fieberthermometer!“ sagte Doktor Levy, „ich will selber messen.“

Aber schon als er an mein Bett trat, sah er, daß ich die Krisis überstanden hatte. Ich lag ruhig schlafend da.

„Sie ist gerettet“, sagte er mit solch tiefem Aufatmen, als hätte er einen steilen Berg erstiegen. „Nun werde ich meiner Mirjam sagen, daß ich ihr eine neue Freundin schenken könnte.“

Von da ab brachte er mir fast täglich einen kleinen Gruß von seinem Töchterlein, ein Bilderbuch, ein Püppchen, ein niedliches Stoffäffchen, und so war Mirjam schon meine Freundin und mit mir verbunden, ehe ich sie von Angesicht gesehen hatte. Auch Bruder Schaeffer blieb mit uns verbunden. Er lag später viele Jahre auf dem Krankenbett. Wenn er auch nicht mehr predigen konnte, so tat er einen anderen Dienst. Er schrieb uns einmal, daß er in den langen schlaflosen Nächten im Geist über die Erde wandere und alle diejenigen aufsuche, die seines Gebetsdienstes bedürften. An seinem Sarg durften auf seinen Wunsch, wie bei den ersten Christen, nur Lob- und Danklieder gesungen werden, und in seiner Todesanzeige stand: „Befördert zu höherem Dienst.“

Doktor Levy hatte mich seinem Töchterchen geschenkt. Mirjam war nicht zu schüchtern, dies Geschenk mit ihren kräftigen Händen in Empfang zu nehmen und festzuhalten, und ich gewann sie auch bald sehr lieb und fühlte mich als scheues Dingelchen wohl unter ihrer zielbewußten Leitung.

Sie war zwar schuld, daß ich einmal in Betragen anstatt „sehr gut“ die Note „gut bis sehr gut“ erhielt. In unserer Höheren Mädchenschule ging es sehr etepetete zu. Ein Flüstern, und wäre es noch so leise, war streng verpönt, und ein Lachen erst recht. Wir saßen immer da, „aufgereiht wie Perlen an der Schnur", mit brav gefalteten Händen.

Mirjam störte sich wenig an diesen strengen Regeln. Einmal schob sie mir das leere Tütchen von Oetkers Backpulver hin, worauf ein weißer Kopf abgebildet war. „Das bist du!" flüsterte sie.

„Ich?" wehrte ich empört, „ich habe doch nicht solch einen Haarknoten."

„Mein Vater hat gesagt, du wärst ein heller Kopf", raunte sie zurück. Bums, da hatten wir schon einen Tadel im Klassenbuch.

Ein andermal sangen wir feierlich, wie es sich gehörte, und Mirjam so falsch, wie es sich nicht gehörte, „Heil dir im Siegerkranz", und als wir an die Stelle kamen „fühl in des Thrones Glanz die hohe Wonne ganz", flüsterte Mirjam mit ihrem wohlgefällig behaglichen Lachen in mein Ohr: „Morgen gibt es bei uns zu Mittag Wonnegans. Soll ich dir ein Stück Wonnegans mitbringen?" Das trug mir den zweiten Tadel ein, obwohl ich nur unwillig den Kopf geschüttelt hatte.

Ich war zwar betrübt, daß sich meine Betragensnote verschlechtert hatte. Aber es lag mir fern, Mirjam dafür verantwortlich zu machen. Ich nahm es eben als unverdienten Schicksalsschlag hin und mußte vor einigen Tagen noch lächeln, als ich mein altes Zeugnis hervorholte und diese schlechtere Zensur las.

Später habe ich wieder immer „sehr gut" im Betragen gehabt, da saß Mirjam nicht mehr neben mir, und das war der erste große Schmerz in meiner Kindheit, daß Mirjam als Zehnjährige das Gymnasium besuchen durfte und meine Mutter mich für zu zart hielt, um mit meiner Freundin, auf Wunsch ihres Vaters, ein Männerstudium, das Studium der Medizin, aufzunehmen. Ich bin von da ab in der Schule recht einsam gewesen, und anstatt mich wie andere auf die Pausen zu freuen, graute mir davor, dann so verlassen auf dem Schulhof herumzustehen.

Ein noch größerer Schmerz war mir, als Mirjam und ihr Vater meine Eltern und mich Jahre danach, nämlich 1919, an den Rhein begleiteten und wir dann Abschied voneinander nahmen, sie in die Heimat, das Elsaß, zurückkehrten und wir uns jenseits des Stromes eine neue Heimat suchen mußten. Ich winkte noch lange von der Brücke zurück, aber vor Tränen konnte ich die langsam entschwindende Gestalt meiner Jugendfreundin kaum noch sehen.

Wieder trug ich Leid um Mirjam, als ich 1942 vor ihrem Elternhaus stand und mich die leeren Fenster anstarrten. Was war aus ihr in dieser Zeit der Judenverfolgung geworden?

Als alte Frauen sahen wir einander wieder. Zart, gebrechlich war das einst so kräftige Mädchen geworden, silberweiß die einst goldblonden Haare und blaß und müde die strahlenden blauen Augen. Ich habe sie nie gefragt, was sie alles mitgemacht hat und auf welche Art sie so viele ihrer Angehörigen verloren hat.

Nun sind wir beide im Abendfrieden. Manchmal sitzen wir miteinander am Ufer des Genfer Sees, wo sie jetzt wohnt; manchmal auf einer Bank auf einer stillen Schwarzwaldhöhe. Dann schauen wir hinüber zu den Bergen unserer alten Heimat, den Vogesen, die vor einer goldroten Abendglut stehen, und viele unserer Gespräche beginnen mit einem „Weißt du noch?“

„Weißt du noch“, sagte Mirjam eines Abends, „wie

ich einmal bei dir gesessen bin und zugehört habe, wie du deine Sprüche und die biblische Geschichte dazu gelernt hast? Die biblische Geschichte war, wie Jesus den Sturm stillt, und der Spruch dazu: ‚Rufe mich an in der Not, so will ich dich erretten, so sollst du mich preisen.' Ich habe den Spruch nicht so recht verstanden und gefragt: ‚Preisen, was ist das? Hat das was mit den Preußen zu tun?' Da hast du erklärt: ‚Preisen bedeutet danken. Viele Leute vergessen das Danken, wenn ihnen Gott herausgeholfen hat.' Und dann hast du noch einen anderen Spruch lernen müssen: ‚Ich bin bei ihm in der Not; ich will ihn herausreißen.' Dazu hab ich gemeint: ‚Das Herausreißen, das tut aber weh!' Und du hast geantwortet: ‚Danach wird man nicht fragen, wenn man nur herausgerissen wird.' Aber so recht verstanden haben wir das wohl beide nicht. Nur ein paar Tage danach haben wir es auf besondere Weise gelernt.

Es war ein wunderschöner Wintertag, ein schulfreier Donnerstag. Tiefblau leuchtete der Himmel über den Dächern und Türmen der Stadt, und die Vogesenberge dahinter sahen aus wie überzuckert. Mein Vater mußte einen Krankenbesuch in Bobenthal machen, und er sagte, ich könnte geschwind zu dir laufen und dich einladen. Er wollte uns beide mitnehmen. Das war natürlich eine große Freude. Philipp, unser Kutscher, hatte den Fuchs vor den Schlitten gespannt. Meine Mutter hatte uns gut in Decken verpackt und dazu noch eine Wärmflasche an unsere Füße gelegt; und dann ging es den blitzenden Lauterfluß entlang in die verschneiten Berge hinein. Das war eine Lust. In Bobenthal hielten wir. Mein Vater stieg aus. Der Philipp blieb auch nicht sitzen. Er sollte in einem anderen Haus wegen einer Holzbestellung nachfragen. Der Fuchs war so ein gutes, ruhiges Pferd. Er war gewohnt, geduldig zu warten. Der Philipp gab mir zum Spaß die Zügel in die Hand, und der Vater befahl uns, gemütlich in unserem warmen Nest sitzen zu bleiben und zu warten. Er wollte bald wiederkommen. Nun, es dauerte doch länger, als er gedacht hatte. Mir wurde es langweilig. Ich sagte: ‚Wir wollen etwas spazierenfahren!' und zupfte ein wenig am Zügel, stupfte den Fuchs sogar noch ein bißchen mit der Peitsche. Und schon trottete er los. Ganz gemütlich ging das. Wir brauchten wirklich keine Angst zu haben. Wir hatten auch keine, obwohl du zuerst gemahnt hattest: ‚Laß das, Mirjam!' Aber als wir dicht an den Lauterfluß kamen, da sausten uns von dem Berghang ein paar Kinderschlitten entgegen. Die Buben darauf machten ein Mordsgeschrei. Der Fuchs scheute, raste los, und bums! kippte der Schlitten um, und wir fielen heraus, und was noch das schlimmste war, genau in das kalte Wasser der Lauter waren wir gefallen. Solch einen Schrecken hatte ich noch nie erlebt. Mir fiel seltsamerweise nur noch der Spruch ein: ‚Rufe mich an in der Not!' und dann — ja dann tat mir etwas gründlich weh. Damals hatten wir Mädchen so eine besondere Haartracht: oben auf dem Kopf wurde so ein kleiner Knoten gedreht und darum eine große Schleife gebunden. An diesem Knoten faßte mich eine kräftige Hand und riß mich heraus aus dem Wasser. Au! das Herausreißen, das habe ich gespürt. Als wir dann nebeneinander in einem breiten Bauernbett lagen, da hab ich dir zugeflüstert: ‚Jetzt verstehe ich, wie das ist, wenn Gott einen herausreißt.'

Nach vielen Jahren habe ich wieder daran denken müssen. Da kam der Krieg und dann die große Not für uns Juden. Und Gott hat mich herausgerissen. Das Herausreißen tat auch weh. Ich mußte die Heimat, ich mußte all mein Hab und Gut im Stich lassen. Ich mußte mich von lieben Menschen trennen. Und doch muß ich dankbar sein, daß er mich errettet hat, daß ich noch rechtzeitig flüchten konnte und nicht, wie so viele meiner Angehörigen, elend ums Leben kam."

Sie schwieg und schaute zu der Kette der Vogesenberge hinüber, die nun schwarz vor dem letzten verglimmenden Abendschein standen.

„Und nun kommt der letzte Teil des Spruches", sagte ich leise: „‚und du sollst mich preisen.' — Wieviel haben wir zu danken für das Herausreißen, womit uns unser Gott herausgeholfen hat!"

„Ja", erwiderte Mirjam, „wir vergessen es so oft über aller Unrast unserer Tage. Aber in der Stille des Alters, wenn wir zurückblicken auf unser Leben, werden wir es besser lernen."

Vergeben all denen, die ihr Böses angetan haben, und danken für alle Durchhilfe, das ist es, was meine alte Freundin Mirjam, die so klug ist und so viel studiert hat, jetzt noch lernen muß.

Die Puppe mit den goldenen Haaren

An einem sonnigen blauen Sommernachmittag ging ich einen der schönen breiten Waldwege, die von einem Kurheim im Taunus durch den Hochwald führen. Wie ich so, in meine Gedanken versponnen, dahinschritt, erblickte ich plötzlich in kurzer Entfernung vor mir etwas Flimmerndes, Goldenes mitten auf dem Weg liegen. Hatten sich Sonnenstrahlen dort verfangen? Was leuchtete denn da so wie ein ganzes Bündel Sonnengold? Ich trat hinzu und fand eine Puppe, die mit dem Gesichtchen im Sand lag und deren blonde Haare derart gleißten. Wer mochte sie verloren haben? Welches Kind mochte darum trauern? Ich hob sie auf, wußte nicht, was damit anfangen. Weit und breit war kein Mensch zu sehen. Schließlich entschloß ich mich, sie mitzunehmen. Ich gab sie der leitenden Schwester unseres Hauses „Emilie“ ab. Da ich am Tage darauf abreiste, weiß ich nicht, ob die Besitzerin jemals ihre Puppe mit den goldenen Haaren wiedergefunden hat.

Immer aber, wenn ich daran zurückdenke, fällt mir ein Erlebnis aus meiner Jugendzeit ein. Meine Freundinnen Lisbeth, Gretel und ich hatten ein Kränzchen gegründet. Heutzutage würde man das wohl Klub nennen oder eine andere amerikanische Bezeichnung dafür gebrauchen.

Ein wenig amerikanisch war unser Kränzchen zwar damals auch schon. Wir hatten nämlich als viertes Mitglied, worauf wir sehr stolz waren, eine kleine Amerikanerin. Sie hieß Doris. Ihr Heimatland war Amerika. Aber sie war ständig mit ihrer Mutter und ihrer Erzieherin in Europa auf Reisen. Ihre Erzieherin stammte aus unserer kleinen Stadt, und darum kam Doris jedes Jahr etwa vier bis sechs Wochen dorthin. In der übrigen Zeit verkehrten wir nur brieflich mit ihr. Ich mußte ihr als Schriftführerin des Kränzchens regelmäßig von unseren Tagungen und Unternehmungen berichten. Sie stiftete dafür feines Briefpapier, auch dann und wann Süßigkeiten, aber unsere Eltern hatten uns streng anempfohlen, Doris in keiner Weise auszunützen. Sie sollte wissen, daß wir alle drei nicht auf ihr

Geld und ihre Gaben angewiesen waren und sie nicht aus diesem Grund als vierte Kränzchenschwester ausersehen hatten.

„Auf keinen Fall betteln wir Doris an!" bestimmte die energische Lisbeth darum auch, als wir wieder einmal etwas Besonderes vorhatten. „Wir erzählen ihr erst später davon, dann freut sie sich."

„Oder sie freut sich nicht", wandte Gretel ein. „Sie macht uns Vorwürfe, daß sie nicht ihren Teil dazu hat beitragen können. Das täte sie gewiß gern, und wir könnten alles viel schöner und reicher gestalten."

Ich stimmte Gretels Vorschlag mit gewichtigem Kopfnicken bei.

Aber Lisbeth fuhr uns nicht übel an. „So ist's richtig", schalt sie, „mit anderer Leute Geld Gutes tun und sich als Wohltäter aufspielen!"

Sie schaute mich an. „Mein Vater hat übrigens schon mit deinem Vater gesprochen, und Gretels Vater will er es auch sagen: Drei Mark bekommt jede von uns von ihren Eltern gestiftet und keinen Pfennig mehr, und wenn wir einen Kniefall tun und blutige Tränen weinen."

„Nun übertreibe aber nicht!" mahnte ich.

„Das tust du ja meist nur", gab Lisbeth lachend zurück. „So, nun wißt ihr also Bescheid. Drei Mark kannst du auch von Doris als Gabe erbitten, aber betonen, daß wir auf keinen Fall mehr benötigen, und was wir damit machen, das erführe sie dann später als Weihnachtsüberraschung."

Ich, die Schriftführerin, nickte gehorsam.

Wir hatten uns vorgenommen, am Heiligen Abend wenigstens in zwei oder drei Häusern bedürftigen Leuten zu bescheren. Obwohl unsere alte Stadt einen recht wohlhabenden Eindruck macht, gab und gibt es auch heute darin noch viel verborgene Armut, und so viel Mittel sind darin nicht vorhanden, um sie alle reichlich zu beschenken. Es mag sogar sein, daß manche versteckte und verschämte Arme ganz vergessen werden. Darüber hatten wir drei Freundinnen uns an einem Septembernachmittag sehr ernsthaft unterhalten, als wir auf der alten Stadtmauer saßen, die noch die Wärme der Herbstsonne ausströmte.

„Wenn es auch noch so schönes Septemberwetter ist, bald kommt doch der Winter", hatte Lisbeth nachdenklich gesagt und dabei mit den Beinen gebaumelt.

„Und Weihnachten", hatte Gretel tröstend hinzugefügt.

Und da waren wir denn auf den Gedanken gekommen, wenigstens drei Weihnachtsbescherungen aus eigener Kraft zu veranstalten. Wir nahmen uns vor, tüchtig zu sparen, keinen unnützen Pfennig mehr von unserem Taschengeld auszugeben und zu versuchen, hier und da bei Eltern, Tanten, Lisbeths großzügigen Großmüttern durch kleine Hilfeleistungen Nebenverdienste zu ergattern.

„Und wem bescheren wir?" fragte Gretel.

„Zuerst einmal der Näh-Luisel", bestimmte Lisbeth. „Sie ist nicht so arm, daß sie von der Kirche oder der Stadt etwas bekommt. Sie verdient ja ihren Lebensunterhalt. Aber sie hat niemand, der ihr zu Weihnachten etwas schenkt. Das weiß ich von ihr selber. Ich habe meiner großen Schwester Aussteuerwäsche schon mehrmals zum Nähen hingetragen. Da habe ich mich natürlich ein wenig zu ihr gesetzt und mit ihr unterhalten. Da die Aussteuerwäsche zum Teil ein Weihnachtsgeschenk für Ninni ist, sprachen wir dann auch von

Weihnachten. Die Näh-Luisel wird noch nicht einmal ein Christbäumchen haben. Nun, drei überzählige Bäumchen aus unserem Wäldchen bekomme ich ohne Zweifel. Eins davon schmücken wir dann für Luisel."

„Und was bescheren wir ihr dazu?" fragte Gretel.

„Sie friert immer so", erklärte Lisbeth. „Wir wollen ihr eine warme Jacke schenken."

„Die kostet aber viel. Wenn wir dann noch drei andern bescheren wollen, reichen unsere Ersparnisse bestimmt nicht aus", wandte ich ein.

„Ich stricke ihr eine", sagte Lisbeth stolz.

„Dafür reichen deine Stricktalente nicht aus, wenn du auch sehr tüchtig darin bist", entgegnete ich.

Wir hätten noch lange darüber hin und her geredet, aber die Abendglocke läutete. Wir mußten nach Hause.

Aber von dem Tage an waren unsere Weihnachsbescherungen das Hauptthema unserer Gespräche. Es fiel mir schwer, Doris nichts davon zu schreiben. Ich nahm mir aber vor, ihr nach Weihnachten einen ausführlichen Bericht zu verfassen. Jeden Morgen, wenn wir uns auf dem Schulhof trafen, war jeder von uns in der Nacht oder vor dem Einschlafen wieder etwas Neues eingefallen.

Der beste Einfall war wohl, daß wir unsere Eltern in unseren Plan einweihten. Dadurch wurden wir in unserem Vorhaben bestärkt und dazu ermuntert. Zugleich aber wurde dafür gesorgt, daß wir diese Bescherungen nicht nur zum eigenen Vergnügen veranstalteten, sondern wirklich dem Herrn Jesus zu seinem Geburtstag ein Opfer brachten.

Allerdings bekamen wir ja, Doris' Gabe eingeschlossen, zwölf Mark beigesteuert. Die Mütter versprachen das nötige Weihnachtsgebäck unter der Bedingung, daß wir sehr fleißig beim Backen halfen, was wir auch gerne und sogar mit Begeisterung, Weihnachtslieder singend, taten. Lisbeths Vater stiftete drei kleine Bäumchen, wovon eines allerdings etwas schief war. Wir necken heute noch Lisbeth damit, daß sie vor Eifer anfing zu stottern und entschuldigte: „Der wa — wa — wachst noch."

Ein ebenso guter Einfall, den wir meiner Mutter verdankten, war, daß wir uns an die alte weißhaarige Gemeindeschwester Anna wandten und sie um Rat fragten. Sie billigte unseren Entschluß, Näh-Luisel zu bedenken. Zu einer Jacke reichte allerdings unser Geld und Lisbeths Strickkunst nicht. Aber Lisbeth umhäkelte mit grauer Wolle eine gute schwarze Jacke ihrer wohltätigen Großmutter. Dazu kam dann noch das hübsch geschmückte Bäumchen, ein Teller voll Gebäck, Äpfel und Nüsse und ein Paar von Gretel gestrickte Bettschuhe.

Als zweites sollten wir einer Familie mit vier kleinen Kindern bescheren, deren Vater wegen Krankheit lange arbeitslos gewesen war. Auch das schafften wir, obwohl es nicht so leicht war, vier nette Geschenke mit wenig Mitteln zu bereiten. Ich strickte für den Sechsjährigen einen blitzblauen Schal, und weil ich den Faden so fest zog, lief ich wochenlang mit einem roten Strich über dem Zeigefinger herum. Meine Freundin Mirjam schenkte mir dazu eine blaue Wollmütze, von der sie behauptete, sie wäre ihr viel zu klein und stände ihr gar nicht. Dem alten Opa Bayer, der viel in unserem Haus verkehrte, hatte ich natürlich unseren so geheim zu haltenden Plan auch nicht verschweigen können. Er schnitzte zwei drollige Männlein, die an einer Stange turnten, und bastelte ein Holzwägelchen für die beiden Kleinsten. Gretel zog eine ihrer Puppen neu an. Mit viel Freude und viel Hämmern, wobei sich Lisbeth zu geringerer Freude den Daumen blau schlug, bauten wir als Glanzstück gemeinsam ein Knusperhäuschen, das wir mit Lebkuchen, Schokoladestückchen und Zuckerperlen beklebten.

Damit des Schmierens kein Ende würde — so sagte wenigstens mein Vater —, brachte uns Schwester Anna ein Album, das man ihr geschenkt hatte und wofür sie keine Verwendung hatte. Dahinein hefteten wir mit Mehlbrei unsere buntesten Glanzbilder, die wir gesammelt hatten. So war denn auch für die zweite Bescherung gesorgt gewesen.

Am wichtigsten aber war ohne Zweifel die dritte. Schwester Anna hatte uns dafür eine Frau genannt, die etwas abseits am Ende der Stadt wohnte. Wir kannten sie nur flüchtig. Sie kam wenig unter die Leute. Sie war Witwe und hatte ein fünfjähriges Töchterchen. Sie mußte sich und ihr Kind mit einer kleinen Rente durchschlagen, denn sie konnte nichts dazuverdienen außer mit gelegentlichen kleinen Stopf- und Flickarbeiten. Sie konnte das kleine Mädchen nicht lange allein lassen, denn es war gelähmt und würde nie gehen können.

Natürlich würde ihm die Mutter ein Bäumchen schmücken. Lisbeth konnte ihr eines von den unsern ungeputzt hinbringen.

„Und dabei könnt ihr die kleine Madlen einmal besuchen“, schlug Schwester Anna vor. „Das Kind freut sich immer so, wenn andere kleine Mädchen zu ihm kommen. Neulich, als Dr. Levy nach ihm sah, hat er auch seine Tochter Mirjam mitgebracht, und Madlen war überglücklich. Erzählt ihr was, macht ein Späßchen, spielt ein wenig mit ihr, vielleicht: ‚Ich hab was,

was du nicht siehst!' Und dann fragt sie, ob ihr ihr nicht einen besonderen Wunsch erfüllen könnt."

Natürlich besuchten wir Madlen, die in einem bescheidenen, freundlichen Stübchen lag und von ihrem Bett aus zum Fenster hin sah und die ersten Schneeflocken beobachtete. Wir gaben uns die größte Mühe, sie zu unterhalten. Wir merkten auch, daß sie große Freude an unserem Besuch hatte. Wir versprachen, dann und wann wieder zu kommen, und wären hochbefriedigt nach Hause gegangen, wenn ... Ja, wenn uns Madlen nicht einen Wunsch anvertraut hätte, den wir ihr unmöglich erfüllen konnten. Sie sehnte sich nach einer Puppe mit so goldblonden Haaren, wie Mirjam sie hatte. Woher sollten wir eine solche Puppe beschaffen? Unsere eigenen waren alle dunkelhaarig oder blaßblond. Unser Geld reichte auch nur noch für die nötigen Süßigkeiten. Und wenn wir uns auch den Betrag dafür zusammengebettelt hätten, in dem einzigen Spielwarengeschäft unseres Städtchens gab es keine goldblonde Puppe. Aber wir durften Madlen doch nicht enttäuschen.

Ach, was haben wir uns den Kopf zerbrochen! Sogar unser neustes Vergnügen litt darunter. Wir gingen nämlich in den nächsten Tagen rodeln, nicht wie die kleinen Buben den Stadtwall hinab, sondern droben im Gebirge an der Paßhöhe. Damals war dort noch nicht solch gefährlicher Autoverkehr wie heutzutage. Nur ab und zu tauchte einmal ein Wagen oder Schlitten auf.

„Woher bekommen wir eine Puppe mit goldenen Haaren?" murmelte ich, als wir eines Nachmittags wieder langsam bergan stiegen.

„Ich reiße meiner Puppe die Perücke ab und klebe

Goldfäden darauf oder schneide Mirjam ein Stück von ihren Locken ab", schlug Lisbeth vor.

„Ich glaube nicht, daß das schön aussieht", wandte Gretel bescheiden ein und fügte dann noch zaghafter hinzu: „Ob man darum beten dürfte? Wollen wir mal Schwester Anna darum fragen?"

Am Abend, als wir heimgekehrt waren, kehrten wir bei der alten Schwester ein. Ich war zwar überzeugt, daß meine Mutter ebensogut hätte antworten können. Aber die andern beiden trauten Schwester Anna doch wohl mehr Weisheit zu. Zum Glück war sie zu Hause und hörte sich unser Begehren ernsthaft an.

„Was meint ihr denn selber dazu?" fragte sie dann.

„Ich bin der Ansicht wie mein Vater", erwiderte Lisbeth. „Gott ist viel zu groß, um sich um solche Kleinigkeiten zu kümmern."

Gretel meinte: „Er ist doch unser Vater. Einem Vater kann man alles sagen." Ich fügte hinzu: „In unserem Wohnzimmer hängt der Spruch: ‚Sage es Jesus!'" Die hochgewachsene Schwester musterte uns eine nach der andern. Dann sagte sie eindringlich: „Gott ist viel zu groß, um nicht auch unsere kleinen Sorgen und Nöte zu kennen. Ihr dürft um alles beten. Aber bildet euch dann nicht ein, es müßte sogleich alles vom Himmel herabfallen, was ihr bittet. Manches Gebet bleibt unerhört. Der Herr in seiner Weisheit weiß besser als wir, was uns gut ist, wie es in dem Lied heißt:

Dein ewge Treu und Gnade,
o Vater, weiß und sieht,
was gut sei oder schade
dem sterblichen Geblüt;

und was du dann erlesen,
das treibst du, starker Held,
und bringst zu Stand und Wesen,
was deinem Rat gefällt."

„Weg hast du allerwegen, an Mitteln fehlt dir's nicht", fielen wir ein, denn wir hatten die Verse vor kurzem gelernt.

Schwester Anna nickte beifällig. Wir gingen sehr schweigsam nach Hause. Gewiß nahm sich jede vor, unsere Bitte um Madlens Puppe im Gebet vorzutragen.

Es war am Abend vor dem Heiligen Abend. Wir drei Freundinnen stiegen noch einmal zur Paßhöhe hinauf, um zu rodeln.

Es war ein besonders schöner Wintertag. Als schon die ersten Sterne am Himmel erwacht und die meisten andern mit dem Schlitten auf dem Rücken zu Tal gewandert waren, wo kein tiefer Schnee mehr lag, sagte Lisbeth: „Wir wollen noch einmal bis zur Paßhöhe steigen. Vielleicht ist es das letztemal in diesem Jahr. Morgen und während der Feiertage kommen wir doch nicht dazu." Als wir bis hinauf gestapft waren, kam es uns doch schon recht dunkel vor. Richtig Nacht war es geworden. Immer mehr Sterne funkelten über uns.

Gretel schaute zu ihnen auf und sagte: „Es ist so schön, über den beschneiten Tannen all die Sterne. Ich muß an das Märchen von den Sterntalern denken. Aber noch lieber wäre mir, anstatt einer Menge Taler fiele eine Puppe mit goldenen Haaren vom Himmel."

„Und mir wäre lieber, wir wären schon unten in der Stadt", murrte Lisbeth. „Wir werden zu Hause eine feine Strafpredigt zu hören bekommen, wenn wir mitten in der Nacht heimkehren."

Wir setzten uns auf den Schlitten. Gerade wollte Lisbeth abstoßen, da flackerte von hinten Lichtschein über uns. Wir hörten Pferdeschnauben, Bremsenknirschen und eine kräftige Männerstimme schelten. „Wer rodelt denn da noch mitten in der Nacht? Seid ihr nicht gescheit? Beinahe hätten wir euch überfahren!"

Ich sprang auf. „Das ist Mirjams Vater!" rief ich, durchaus nicht erschreckt, sondern erfreut. „Der nimmt uns mit!"

Ja, es war unser Hausarzt. Er hingegen war wiederum nicht erfreut über unsere Begegnung. Er polterte tüchtig drauflos, während sein Kutscher, der uns wohlbekannte Philipp, auf sein Geheiß unsere Rodel neben sich auf den Bock lud und wir zu dem Doktor in den Schlitten unter die warme Decke schlüpften.

„Eure Eltern werden gründlich schelten, wenn ihr so spät auftaucht", drohte er uns.

„Wir haben schon Kummer genug", murmelte Lisbeth.

„Kummer? Zwei Tage vor Weihnachten!" Der Arzt lachte, und Philipp stimmte gedämpft dazu ein.

„Der kleinen gelähmten Madlen haben wir versprochen, einen besonderen Wunsch zu erfüllen, und nun wünscht sie sich ausgerechnet eine Puppe mit so goldblonden Haaren wie Mirjam. Die können wir nicht herbeischaffen", erklärte ich, und Lisbeth fügte anklagend hinzu: „Hätten Sie Mirjam nicht mit zu Madlenchen genommen, wäre das Kind gar nicht auf den Einfall gekommen. Aber wenn auch Mirjam von ihrem Wuschelhaar wohl ein paar Strähnen entbehren könnte, daraus eine Perücke für eine unserer Puppen zu machen, das ist eine Kunst, die wir nicht verstehen."

Der Arzt lachte noch schallender, und wieder stimmte

Philipp ein, während der Schlitten mit lustigem Schellengeläut zu Tal glitt.

„Vielleicht könnte euch die Dame helfen, die mich schon stundenlang auf meiner Rundfahrt begleitet", meinte der Doktor dann.

Wir schauten uns alle drei nach allen Richtungen um und versuchten das Dämmerlicht zu durchdringen, das uns die flackernden Schlittenlampen und der Sternenhimmel gaben. Aber nirgends war noch eine Fahrtgenossin zu erkennen.

Der Doktor lehnte sich behaglich zurück. „Ich habe heute vor dem Fest noch viele Kranke besucht", erzählte er, „zuerst in der Ebene, dann zuletzt noch im Gebirge. Ihr wißt, daß drunten in Hunspach die Haury-Mutter eine wahre Puppenkünstlerin ist. Obwohl sie es nicht nötig hat, verdient sie sich alljährlich vor Weihnachten ein schönes Stück Geld damit, daß sie für Stadtkinder in Straßburg und Karlsruhe Puppen als Bauernmädchen zurechtmacht. Dies Jahr hätte sie es beinahe nicht machen können. Ihre Schwiegertochter war sehr krank. Nun, ich habe die junge Frau mit Gottes Hilfe wieder auf die Beine gebracht. Vor vier Wochen bat mich die Haury-Mutter um ein paar Strähnen von Mirjams schönem Haar. Und denkt, heute mittag überreichte sie mir als Geschenk für Mirjam diese schöne Hochzeiterin." Er griff in seine Tasche und holte eine Puppe hervor. Ihr Haar gleißte im Sternenschein.

„Oh, eine Puppe mit goldenen Haaren", riefen wir alle drei bewundernd und sehnsüchtig.

„Ja, aber unsere Mirjam", fuhr der Doktor fort, „die wird kein bißchen Freude daran haben. Das weißt du ja, Anny, daß sie nicht mit Puppen spielt. Sie ist ja der reine Junge in der Beziehung. Sie wird diese schöne

Dame in eine Ecke setzen, und darum" — er hob die Puppe feierlich hoch — „schenke ich sie hiermit dir, liebe Anny, als Mirjams bester Freundin."

Ich war so überrascht, daß ich vergaß, danke zu sagen.

Dann aber fielen wir alle drei über den guten Doktor her, und er wehrte sich mit beiden Armen und rief: „Nein, nein, gleich von drei Mädchen abgeschmutzt (abgeküßt) zu werden, das ist mir noch nie geschehen!"

Wir waren alle drei überglücklich, und überglücklich war auch am Heiligen Abend die kleine Madlen über die Puppe mit den goldenen Haaren.

Als das gelähmte, kranke Kind heimgehen durfte, brachte mir die Mutter als Dank und Erinnerung die Puppe. Sie ist die einzige, die ich heute noch besitze. Etwas verblaßt ist ihr seidener Staat und verblaßt die goldenen Haare. Sie sitzt auf der Couch in meinem Schlafzimmer, und oft erinnert sie mich an Schwester Annas Worte: „Der Vater im Himmel ist so groß, daß er auch um unsere kleinen Sorgen und Nöte Bescheid weiß."

Ja, mit allem dürfen wir in unserem Gebet zu ihm kommen.

Warum?

Wie seltsam sich Schicksale der Menschen und der Völker wiederholen! Meine mir sehr nahestehende „Wahltochter" hat mir von einem Erleben berichtet, das mich sehr an mein eigenes mit Mirjam und Herbert erinnert hat, sogar die Namen der beiden jungen Mädchen sind die gleichen. Ich lasse sie selbst erzählen:

Wann hat diese Geschichte angefangen? Ich überlege. Ich blicke zurück, immer weiter zurück. Da sehe ich mich als kleines, blasses, mattblondes Mädchen mit einer vor Neuheit glänzenden Schultasche in einem großen Klassenzimmer stehen. Viele andere Kinder sind um mich her. Aber ich komme mir so verlassen vor wie Robinson auf seiner Insel. Es ist mein erster Schultag. Die Mütter, die uns eingeliefert haben, sind nach Hause gegangen. Ich möchte auch nach Hause gehen. Aber ich darf nicht. Ich bin jetzt ein Schulmädchen. Ich muß in der Schule bleiben. Ich muß lernen. Aber mir ist eher zum Weinen zumute. Da tritt ein anderes kleines Mädchen auf mich zu und faßt mich fest an der Hand. Ich starre es verdutzt an. Es hat so goldblonde Haare wie meine Weihnachtspuppe. Ich habe bisher nicht gewußt, daß lebendige Menschen auch solche Haare haben können.

Das goldblonde Kind lacht mich an. „Du gefällst mir", sagt es, „und unsere Elis hat mir eben erzählt, daß dich mein Papa gesund gemacht hat. Jetzt gehörst du mir. Ich habe dich lieb, und du mußt mich liebhaben."

Damit zieht sie mich fort bis zu der jungen Lehrerin und erklärt ihr: „Wir gehören zusammen. Wir wollen nebeneinander sitzen."

Von dem Tage an ist Mirjam in meinem Leben. Sie ist sogar neben meiner Mutter die Hauptperson darin. Sie greift ein, sie lenkt.

Und Heinz? Er ist immer in meinem Leben gewesen. Ich weiß gar nicht, wann er hereingekommen ist. Wir sind Nachbarskinder; unsere Eltern sind miteinander befreundet. So gehören wir zusammen, und so wie Heinz zu mir gehört, so gehört er nun auch zu Mirjam, viele Jahre lang, ein Leben lang und wer weiß es — vielleicht auch darüber hinaus.

Ein anderes Bild steigt vor mir auf: Wir haben auf dem Stadtwall gespielt. Wir sind sehr gern dort oben. Man sieht von dort aus über die Giebeldächer unserer kleinen Stadt und weit in das Land hinaus bis zu den Bergen. Die Erwachsenen kommen selten hier herauf und lassen uns darum so schön in Ruhe. Nur die beiden alten Lehrerinnen gehen manchmal hier spazieren.

Als an diesem Nachmittag die Rathausuhr mit ihrer blechernen Stimme fünf Uhr verkündet hat, hat Mirjam kommandiert: „Wer zuerst unten ist!"

Wir sind den steilen Abhang hinuntergestürmt, als wäre die kleine Stadt unversehens von den wilden Hunnen überfallen worden und wir wären als ihre Verteidiger auf der Flucht.

Wir sind atemlos, als wir unten in der Johannisgasse ankommen. Mit letztem Schwung läßt sich Mirjam auf die Steintreppe vor der Johanniskirche niederfallen. Wir setzen uns rechts und links von ihr. Der rote Sandstein ist heiß von der Sonne. Ich streiche mit der Hand über die oberste Stufe hinter uns.

„Seht mal", sage ich, „wie tief die in der Mitte ausgehöhlt ist!"

„Das kommt von all den Füßen, die darübergegangen

sind", erklärt Heinz altklug. „Die haben sie ausgetreten. Meine Eltern und Großeltern und Urgroßeltern sind auch darübergegangen."

Ich streichele den alten Stein. „Meine auch", sage ich.

„Meine nicht", sagt Mirjam und lächelt. Es klingt beinahe, als wenn sie sich oder ihre Vorfahren entschuldigen wollte.

„Nein, deine nicht", bestätigt Heinz und runzelt die Stirn, wie er es tut, wenn er eine schwere Rechenaufgabe lösen soll.

„Dort kommen die beiden Fräulein Bauer", rufe ich dazwischen. Ich will ablenken. Mirjam tut mir leid. Sie kann ja nichts dafür, daß ihre Eltern und Großeltern nicht in die Johanniskirche gegangen sind.

Die beiden Lehrerinnen kommen auf uns zu. „Nun, ihr drei Blondköpfchen, erzählt ihr euch etwas Schönes?" fragt die eine.

Die andere streicht über Mirjams Haar. „Zu dir sollte man Goldköpfchen sagen", meint sie; „eine Mirjam müßte eigentlich schwarze Locken haben."

„Warum denn?" fragt Mirjam keck.

Die beiden alten Damen antworten nicht. Sie nicken uns freundlich zu und steigen gemächlich und brav, dem Zickzackweg folgend, zum Wall hinauf.

Mirjam springt auf. „Wollen hier die Treppe hinabspringen!" schlägt sie vor. „Wer am weitesten kommt!"

Heinz widerspricht. Das tut er sonst nie, wenn Mirjam etwas befiehlt. „Nein", sagt er ernsthaft, „hier müssen wir still sein. Das ist das Gotteshaus."

„Warum heißt es Gotteshaus?" fragt Mirjam.

„Weil der liebe Gott darin wohnt", erklärt Heinz.

Mirjam schaut ihn zweifelnd an. „Das glaub ich nicht", antwortet sie dann. „Unser Rabbiner hat uns von dem König Salomo erzählt. Und da hat der Salomo etwas gesagt, und das hab ich auswendig lernen müssen. Paßt mal auf:

‚Der Himmel und aller Himmel Himmel können Gott nicht fassen, wie sollte es dies Haus tun?' Und darum kann in diesem Haus auch nicht Gott sein."

„Das ist er aber doch", widerspricht Heinz wieder. „Aber vielleicht habt ihr einen andern Gott", fügt er zögernd hinzu.

Mirjam errötet. „Ja", entgegnet sie dann tapfer. „Dies ist nicht unser Gotteshaus. Das ist eure Kirche, und wir Juden gehören nicht hier hinein."

Nun mische ich mich auch in das Gespräch. „Ich glaube nicht, daß es noch einen andern Gott gibt", sage ich.

Wir schauen alle drei nachdenklich auf die altersgraue Kirchentür.

„Weißt du was", wendet sich Mirjam darauf an Heinz, „wir schlüpfen jetzt in euer Gotteshaus hinein und schauen nach dem Gott, den ihr habt."

Heinz überlegt. „Ich weiß nicht, ob man ihn sehen kann. Wenn ich in der Kirche bin, ist er nicht zu sehen. Vielleicht ist er ganz vorne auf oder hinter dem Altar, wo der Pfarrer steht."

„So kommt!" befiehlt Mirjam.

Wir müssen uns fest gegen die schwere Tür stemmen. Aber für unsere kleinen Gestalten genügt ein schmaler Spalt. Wir sagen alle drei kein Wort, als wir in dem hohen stillen Raum stehen. Das Abendlicht webt einen goldenen Strahlenkranz um den Altar. Wir wagen uns keinen Schritt vorwärts. Auf einmal hören wir auf der Orgeltreppe zur Rechten Tritte. Wir schauen erschrocken hin. Mein Herz klopft so laut, daß ich nichts anderes mehr höre.

Ein großer grauhaariger Mann tritt zu uns. Ich erschrecke noch mehr. Sein Schnauzbart hängt so wirr herab, und seine Augen sehen einen unter den buschigen Brauen an, als drängen sie durch und durch.

Er beugt sich zu uns herab. „Was wollt ihr kleinen Gäste hier?“ fragt er mit einer tiefen Stimme.

Mirjam hat wie immer am meisten Mut. „Weil dies euer Gotteshaus ist“, antwortet sie keck, „da wollt ich mal euern Gott sehen, und dann — dann wollt ich wissen, ob wir Juden denselben Gott haben.“

Der Mann lächelt und legt Mirjam und mir seine große Hand auf den Kopf.

„Gott sehen können wir nicht“, erklärt er mit seiner Orgelstimme, „aber er ist hier. Er ist auch draußen und in euern Herzen. Doch das versteht ihr jetzt noch nicht. Ich kann euch aber versichern, daß ihr alle drei denselben Gott habt. Das sollt ihr behalten, und drei Worte sollt ihr heute nachmittag in diesem Gotteshaus lernen: Gott ist Liebe! Das gilt für euch drei und für alle Menschen. Wiederholt es einmal zusammen! Und erinnert euch später immer daran: Gott ist Liebe!“

Gehorsam sprechen wir in die Stille hinein, und es hallt volltönend durch den weiten Raum: „Gott ist Liebe!“

Es ist am nächsten Nachmittag. Mirjam und ich kommen aus der Handarbeitsstunde. Heinz wartet am Rathaus auf uns. Mirjam ist sogleich wieder in unserer Mitte.

Sie gibt mir einen kleinen Stoß. „Komm mit rauf zu uns!“ lädt sie ein. „Ich hab in dein Album geschrieben. Einen feinen Spruch, einen ganz besonderen. Mein Papa hat ihn mir gegeben. Gestern abend hab ich ihm von dem komischen Mann in eurer Kirche erzählt. Da hat er gesagt, dieser Spruch passe dazu. Den sollt' ich in dein Album schreiben."

Ich bin sehr gespannt. Und dann bin ich sehr enttäuscht, als Mirjam mein schönes grünes Album hervorholt und es aufgeschlagen vor mich hinlegt. Sie lächelt zufrieden und schaut wohlgefällig auf ihren Spruch. Ich lächle nicht. Ich bin gar nicht zufrieden, und von Wohlgefallen ist bei mir keine Rede. Daß Mirjam keine schöne Schrift hat, daran bin ich gewöhnt. Diesmal hat sie sich sogar Mühe gegeben. Groß und steif stehen die Buchstaben da.

„Gefällt dir mein Spruch nicht?" fragt sie, als ich stumm auf mein Album herabblicke.

„Gefällt dir mein Spruch nicht?" fragt nun auch eine andere Stimme. Mirjams Vater, der große, schlanke Doktor, ist hinter mich getreten.

„Er reimt sich nicht", antworte ich leise und enttäuscht. Ich denke dabei an die Albumverse, die schon unsere Großmütter geliebt haben: „Rosen, Tulpen, Nelken, alle Blumen welken", und wie sie alle heißen.

„Er wird für viele Menschen ungereimt bleiben", entgegnet Dr. Levy mit einem Lächeln, das ich nicht verstehe, „aber ich wünsch' dir, daß er sich einmal für dich reimt! — Däppele!" murmelt er noch und gibt mir einen kleinen Nasenstüber. Er nickt mir zu und geht mit seinen raschen Schritten hinaus.

Ich schaue immer noch enttäuscht auf meinen ungereimten Spruch, den mir Mirjam mit ihren Krakelfüßen geschrieben hat: „Nicht mitzuhassen, mitzulieben bin ich da."

„Ich verstehe ihn nicht", murre ich.

Da faßt mich Mirjam um den Hals. „Liebhaben sollen wir!" ruft sie lachend. Sie drückt mich so fest, daß ich aufschreie. Da läßt sie mich los und nimmt Heinz in den Arm. Er errötet, aber er schreit nicht auf. Er drückt Mirjam ebenso fest.

„Ein schönes Bild!" tönt es von der Tür. Mirjams Mutter, die zierliche, schwarzhaarige Frau, ist eingetreten. Ich finde es gar nicht so schön, wie sich die beiden umschlungen halten. Aber wenn ich heute daran zurückdenke, so war es doch ein schönes Bild: der schlanke, hellblonde Junge, die Kleine mit den Goldhaaren! Sie haben sich fest im Arm. Ich stehe abseits und schaue zu. Und das ist eigentlich das Bild unserer Kinderfreundschaft — einer ersten Liebe. —

Mirjam wird 18 Jahre alt. Sie hat uns in die Haselmühle eingeladen. „Unsrer alten Elis wird die Arbeit zuviel, meiner Mama wird die Unruhe zuviel, und wir sind ungestörter", hat sie erklärt. Und deshab wandern wir gleich nach dem Mittagessen zur Haselmühle. Wir, das sind nicht bloß Mirjam, Heinz und ich, sondern fast die ganze Oberprima. Nur Erwin, Eberhard und Friedrich haben abgesagt. Ich weiß nicht, warum sie verhindert sind.

Wir wandern nicht auf der Landstraße, sondern auf dem Waldweg. Eine Zeitlang führt er durch das grüngoldne Dämmern hoher Buchenhallen. Dann wieder öffnet sich der Blick über leuchtende Fingerhuthalden weit in die Ebene hinein.

Wir gehen in kleinen Gruppen, fast alle paarweise. Mirjam und Heinz sind uns allen ein Stück voraus. Sie halten sich ab und zu an den Händen, schwenken sie hin und her. Mirjams Lachen tönt bis zu mir. Ich gehe neben Ilse. Ein lebendiges Lineal hat Schorsch sie genannt. Franz sagt, sie sei ein gotischer Engel. Aber das hat er auch einmal von mir gesagt. Er wechselt in seinen Engelverehrungen und weiß noch nichts von den echten Engeln. Ilse ist sehr dünn, sehr steif und sehr korrekt. Wahrscheinlich hat Mirjam sie nur eingeladen, weil sie die Tochter unseres neuen Direx ist. „Anstandshalber", hat sie mir augenzwinkernd zugeflüstert, als Ilse an unserm Treffpunkt aufgetaucht ist.

„Diese Liebe ist wohl schon sehr alt", sagt Ilse jetzt zu mir und deutet mit einer Bewegung ihres flechtengeschmückten Kopfes zu Heinz und Mirjam hin.

„Wir sind seit unserer Kindheit befreundet", antwortete ich.

„Aus Kinderfreundschaften werden oft Jugendlieben", meint sie dazu spöttisch.

Sie äußert das sehr von oben herab, finde ich. Aber vielleicht tue ich ihr unrecht. Solch hochgewachsenes Mädchen kann ja nur von oben herab zu uns kleineren sprechen.

„Mehr kann bei den beiden auch nicht daraus werden", fügt sie hinzu, und jetzt kommt es mir vor, als wollte sie mich trösten.

„Warum nicht?" frage ich ärgerlich.

„Tu doch nicht so, als wenn du vom Mond wärst!" entgegnet sie, „Mirjam Levy, das sagt alles!"

„Wieso?" beharre ich weiter in meiner Verständnislosigkeit.

Sie schaut mich an, als besichtigte sie auf dem Jahrmarkt ein achtfüßiges Kalb: „Kann denn ein deutscher Mann eine Jüdin heiraten?"

„Warum denn nicht?" trotze ich unbeirrt. „Das kommt in den besten Familien vor."

„Leider ist das vorgekommen", fällt sie ein; „aber damit ist nun Schluß."

„Wieso?" murre ich unentwegt.

„Du scheinst wirklich auf dem Mond zu leben", ruft sie aus und bleibt stehen.

Zum erstenmal sehe ich diese steife Blasse mit roten Wangen und lebhafter als gewöhnlich.

„Hast du noch nie etwas vom Nationalsozialismus gehört? Warum sind denn Eberhard, Friedrich und Erwin dieser Einladung nicht gefolgt? Es kann sich nur noch um Wochen, höchstens Monate handeln, und Adolf Hitler ist an der Macht. Dann können sich die Juden eine Fahrkarte nach Jerusalem kaufen, so wie sie Erwin schon zum Jux in der Pause vorgezeigt hat."

„Warum bist du denn heute mitgegangen?" frage ich empört.

Sie zuckt die Achseln. „Nun ja, es ist ja noch nicht soweit. Eigentlich tat mir Mirjam auch leid. Sie ist wirklich nett. Ich bin überzeugt, sie hat arisches Blut in den Adern, so blond, wie sie ist."

„Ihr Vater ist auch blond", murre ich wie ein vertrotztes Kind. „Er war im Krieg einer der schönsten Stabsärzte, sagt meine Mutter, und das EK I hat er auch."

Ilse zuckt wieder überlegen die Achseln. „Vielleicht hilft ihm das, vielleicht hat er auch eine arische Mutter. Aber mein großer Bruder sagt: Jud bleibt trotz allen arischen Einschlägen Jud, und Mirjam Levy bleibt Mirjam Levy."

Wir sind vor der Haselmühle angekommen. Mirjam schaut sich nach mir um. „Was hast?" fragt sie und legt den Arm um meine Schulter. „Du hast solch rote Backen. Bist zu sehr in der Sonne gewesen? Es war doch schattig im Wald. Bist krank?"

Ich murmle etwas von Kopfschmerzen und schlucke

brav die Tablette, die Mirjam mir zum Kaffee reicht. Mit Kopfschmerzen entschuldige ich mich nachher auch, als die andern tanzen. Schorsch haut auf dem Klavier herum, daß es mir wirklich im Kopf weh tut. Sie werden immer ausgelassener. Ich schaue nach Mirjam und Heinz aus. Sie sind nicht mehr unter den Tanzenden. Ich gehe hinaus. Der Hof ist leer und still. Nur einige Hühner scharren im Staub. Ich gehe hinter das Haus. Das Mühlrad ragt hoch und wuchtig über einem schmalen Bächlein. Die Mühle ist schon lange nicht mehr in Betrieb. Das Mühlrad ist grünschwarz, mit Moos bedeckt, halb überwuchert. Auf der kleinen Bank zwischen Hauswand und Mühlrad sitzen Heinz und Mirjam. Sie halten sich eng umfaßt. Es ist fast wie das Bild vor zehn Jahren: der hellblonde und der goldblonde Kopf dicht aneinander.

„Wie romantisch!“ durchzuckt es mich spöttisch. „Mühlrad, kühler Grund, Liebe, gibt es nicht so ein Volkslied?“ Aber es fällt mir nicht ein. Nur ein anderer Vers kommt mir in den Sinn. Er ist aus dem Nibelungenlied, das wir gerade in Mittelhochdeutsch lesen: „Als sie das mueßte sehn, ihr enkunde in der Werlde nimmer leider sîn geschehn.“

Mirjam hebt den Kopf und schaut mir lächelnd entgegen. „Komm her, Kleines“, lädt sie ein. „Wir haben vorhin beraten, wo wir von diesem Herbst ab studieren. Ich hab' den Onkel Max in Mannheim, der soll uns in Heidelberg ein nettes Quartier besorgen. Da wohnen wir dann miteinander.“

„Alle drei?“ frage ich erstaunt.

„Nun ja, du kleines Däppele würdest ja als Anstandsdame genügen“, gibt sie vergnügt Auskunft. „Aber es ist doch vielleicht besser, der Heinz wohnt im Studentenheim. Er hat auch einen wohlvermögenden Onkel, einen würdigen Herrn Pfarrer, dort in der Nähe. Der besorgt ihm im Heim eine Bleibe. Und was willst du werden, Kleines?"

Ich weiß nicht, wie auf einmal das Häßliche, Böse in mir aus der Tiefe aufzuckt: „Ich werde Schriftstellerin und schreib' einen Roman", bricht's aus mir heraus. „Den Titel weiß ich schon: ,Die jüdische Pfarrfrau!'"

Mirjam starrt mich mit halbgeöffnetem Mund verständnislos. an. Doch dann lacht sie wie über einen gelungenen Witz.

„Nur keine unnötigen Sorgen, Däppele!" antwortet sie. „Heinz wird kein würdiger Pfarrer. Er studiert Medizin genau wie ich, und du natürlich auch. Dann kann eins dem andern wieder helfen, genau wie bisher. Und später gründen wir in unserm Städtel eine Klinik. Mein Papa wird der Chef, Heinz der Chirurg, ich die Internistin, und du übernimmst die Kinderabteilung. Einverstanden?"

Mirjam schließt ihre Vorschläge meist mit dieser Frage, aber sie wartet nie ab, ob wir einmal nicht einverstanden sind, so wie man bei einem „Nicht wahr?" kaum mit einem Protest rechnet. Wir kehren zum Haus zurück. Auf dem Hof werden wir mit Hallo empfangen. Man hat schon auf uns gewartet. Franz will den letzten Geburtstag vor dem Abitur mit seiner Kamera festhalten.

Ich habe mir heute dies Bild wieder hervorgeholt: Mirjam steht strahlend jung und glückselig in der Mitte. Heinz hat seine Hände auf ihre Schultern gelegt, als wollte er damit seinen Besitzerstolz zeigen. Ich schaue mit verdüstertem Gesicht auf den Boden. Hinter uns ragen die Pappeln und Obstbaumgruppen des friedlichen Landes, dem so bald der Frieden genommen wurde. „Herbst 1932" steht darunter und noch ein kleines Wort: „Einverstanden?" —

Wir stehen auf dem winzigen Balkon, der vor den beiden winzigen Zimmern liegt, die Mirjam und ich in Heidelberg bezogen haben. Wir schauen ins Tal, auf die alten Häuser, das blitzende Band des Neckars und hinüber auf die düstere Masse des Schlosses, das die bunten Farben des Herbstwaldes umlodern.

Heinz summt leise:

„Alt-Heidelberg, du feine, du Stadt an Ehren reich,
am Neckar und am Rheine kein' andre kommt dir
gleich."

„Nun fang bloß nicht an, hier romantisch oder poetisch angehaucht zu werden!" schilt Mirjam. „Dazu haben wir keine Zeit. Wir sind zum Arbeiten hier und nicht zu Schloßbeleuchtungen. Ich möcht so rasch wie möglich fertig werden."

„Ich auch!" versichert Heinz und wirft ihr einen Blick zu, daß ich mit ihr erröte.

Es ist Mirjam Ernst mit ihrem Arbeitseifer. Ich brauche ihr nicht mehr wie in unserer Schulzeit bei den Aufsätzen zu helfen und Heinz nicht mehr bei den Mathe-Aufgaben. In Medizin wird sie uns beide überflügeln.

„Erbgut von Vater und Großvater her!" wehrt sie unser Lob ab, „und es macht mir halt Spaß."

Sogar in unsern kurzen Weihnachtsferien unterhält sie sich am liebsten „medizinisch" und berichtet auf unsern gemeinsamen Spaziergängen auf dem kahlen Stadtwall, was sie mit ihrem Vater besprochen und was er ihr aus dem Schatz seiner Erfahrungen mitgeteilt hat.

Als wir im Januar wieder in Heidelberg sind, fragt Heinz, ob er an einem Abend einen Freund in unser gemeinsames Heim mitbringen darf. Mirjam hat die Gastfreundschaft ihres Elternhauses geerbt und sagt ohne weiteres zu.

„Einen Freund hast du hier?“ staune ich. „Davon haben wir ja noch nie etwas gemerkt!“

„Er hat bisher an einer andern Universität studiert“, berichtet Heinz. „Er mußte mitten im Semester wechseln, hatte Zusammenstöße mit Professoren. Irgend etwas ist da vorgefallen. Es handelt sich wohl um Politik.“

„Schweig mir still von Politik!“ schilt Mirjam. „Davon mag ich nichts hören. Mir macht größeres Kopfzerbrechen, womit ich euch hungrige Raubtiere heute abend füttern soll. Ist es ein sehr verwöhnter junger Mann?“

„Ach, woher denn!“ beschwichtigt Heinz. „Er ist nicht vornehmer als wir. Er ist aus der Gemeinde meines Onkels. Ich kenne ihn von meinen Schulferien her.“

Am Abend kommt dieser Erhard zu uns. Ich starre ihn verwundert oder besser gesagt: bewundernd an. Er erinnert mich an den Bamberger Reiter, dessen Bild über meinem kleinen Schreibtisch daheim hängt, an einen Jung-Siegfried. Er hat dieselben goldblonden Locken wie Mirjam.

Der junge Mann erwidert meine Bewunderung nicht. Er hat nur Augen für Mirjam. Aber das bin ich gewohnt. Das ist schon in unserer Schulzeit so gewesen.

„Schau mal, Mira, ihr habt dieselbe Haarfarbe!“ entfährt es mir kindisch ungehemmt, ehe Heinz uns einander vorgestellt hat.

„Sie sind gewiß aus dem Norden unseres Vaterlandes", wendet sich der Gast mit leichter Verbeugung lächelnd Mirjam zu.

Sie lächelt zurück, aber ihr Lächeln ist ein wenig spöttisch. „Nun, gar so nordisch bin ich nicht", entgegnet sie; „das kann man wohl schon an meiner Sprache hören."

Zum erstenmal klingt mir ihre Stimme fremdartig, mit einem leichten Nasallaut. Oder bilde ich mir das nur ein?

„Wir sind aus dem gleichen Ort", fällt Heinz rasch ein.

Mir ist, als blickte ihn Mirjam überrascht an. Aber ich sehe wohl an diesem Abend Gespenster.

Mit ihrem gewinnenden Lächeln, das immer ein klein wenig spöttisch überlegen ist, bittet Mirjam zu Tisch. Sie hat den Kartoffelsalat mit den Eiern sehr hübsch angerichtet. Was könnte sie auch nicht? Sie kann sogar — immer mit dem gleichen Lächeln — verschwenden. Unsere Gäste ahnen nicht, daß das unsere letzten Eier sind aus dem Vorrat, den wir aus der Heimat mitgebracht haben.

„Im Sommer laß ich Bohnen auf unserm Puppenstubenbalkon hier ranken", verspricht sie beim Essen, „und dann setz' ich mich dort draußen hin . . ."

„Als Lorelei!" fährt Heinz fort und wirft ihr wieder einen seiner bewundernden Blicke zu.

„Dies olle Heine-Lied!" murmelt Erhard.

„I wo, Heinzel", widerspricht Mirjam fröhlich, „ich kämm' da draußen nicht mein goldenes Haar. Das wär' sehr ungehörig und unhygienisch. Ich schnibbel Bohnen und lad' euch zum Bohnensalat ein."

„Großartig!“ ruft unser neuer Gast. „Ich nehme heute schon die liebenswürdige Einladung mit heißem Dank an.“

Es wird ein sehr vergnügter Abend.

Nun hat Mirjam schon wieder einen neuen Verehrer, denke ich. Aber ich bin nicht eifersüchtig. Ich bewundere sie ja auch.

„Ich sei, gewährt mir die Bitte, in eurem Bunde der Dritte, vielmehr der Vierte!“ sagt der Goldblonde zum Abschied und hält Mirjams Hand besonders lang.

„Im Hörsaal ist neben mir noch ein Platz frei“, verspricht Mirjam lachend, und sie lacht noch mehr, als ihr Heinz wieder einen Blick zuwirft, der diesmal weniger liebevoll als mißbilligend ist.

Am nächsten Morgen kommt Erhard später als wir zur Vorlesung. Er schaut sich suchend um. Dann eilt er strahlend — ein junger Held — auf Mirjam zu, wirft seine Bücher auf den Platz neben ihr, reicht ihr die Hand und beugt sich gleichzeitig zu der Visitenkarte hinab, die sie auf ihrem Tisch befestigt hat.

„Nun lern' ich endlich Ihren Namen richtig kennen, Fräulein Mira“, sagt er, und dann — läßt er ihre Hand so plötzlich los, daß sie auf die Tischplatte fällt.

Sein lächelndes Gesicht erstarrt zur Fratze. Er rafft seine Bücher zusammen und flieht, rennt zur andern Seite des Hörsaals.

Mit weitaufgerissenen Augen blickt ihm Mirjam nach. Auch ihr Gesicht ist maskenhaft, versteinert. Jeder Blutstropfen ist daraus gewichen. Staunen, Nichtverstehen, Entsetzen ist darin.

Ich bin zuerst wie gelähmt. Dann stehe ich mit steifen, hölzernen Bewegungen auf und setze mich neben sie. Jetzt sitzt sie wieder wie einst auf dem Wall, auf der Treppe der Johanniskirche zwischen uns beiden.

Ob sie es überhaupt merkt? Ob sie sich zwischen ihren alten Freunden geborgen fühlt?

Ich höre die eintönige Stimme des Dozenten sehr fern. Seine Worte gleiten an mir ab. Ich verstehe nichts davon. Es ist mir, als wenn er eine andere Sprache redete.

Mirjam schreibt auch nicht mit. Sie hält den Füller so fest, daß ihre Fingerknöchel weiß hervortreten.

Am Schluß der Vorlesung springt sie so rasch auf, daß sie Heinzens Bücher zu Boden fegt.

Während er sich unbeholfen danach bückt, die andern darüberstolpern, ihn beim Aufheben hindern, eilt sie zur Tür.

Ich folgte ihr, so schnell ich nur kann. Sie rennt wie gejagt den Neckar entlang, ich hinter ihr drein. Man sieht sich erstaunt nach uns um. Es ist mir gleichgültig, was die Leute denken.

Ich atme auf, als ich sie in unserer Haustür verschwinden sehe. Es ist mir nicht klar, was ich Schlimmeres befürchtet hatte.

Als ich in unser kleines Wohnzimmer trete, sitzt sie, in ihr großes rotes Tuch gehüllt, zusammengekauert am Ofen.

„Warum gehst du nicht zum Essen?" frage ich einfältig.

„Warum gehst du denn nicht zum Essen?" gibt sie mit einer unheimlich ruhigen Stimme zurück. „Du brauchst doch nicht zu fürchten, daß deinetwegen die

Kommilitonen aufstehen und ihre gute Krautsuppe im Stich lassen!“

„Aber Mira, dieser eine Flegel!“ versuche ich zu begütigen.

„O nein“, entgegnet sie immer noch so erschrekkend gelassen, „das ist nicht dieser eine allein. So denken Tausende! Und er hat recht. O ja, er hat recht! Ich gehöre nicht zu euch! ‚Die Juden sind unser Unglück!‘ So steht hinter der Uni an einer Wand gekritzelt. Ich hab's bloß bisher nicht sehen und verstehen wollen. Ich weiß zwar nicht, was ich euch bisher für Unglück gebracht hab'. Ich will euch auch keins bringen. Darum muß jetzt Schluß gemacht werden. Und ich muß diesem Erhard dankbar sein, daß er mir die Augen geöffnet hat. Und ihr werdet ihm auch noch einmal danken.“

Ich verstehe sie nicht.

„Bist du krank?“ frage ich besorgt.

„Durchaus nicht“, erwidert sie mit dieser tonlosen Stimme. „Nur hier inwendig hat's einen Riß gegeben“ — sie zeigt dabei auf ihre Brust —, „den heilt der beste Arzt nicht zu.“

Ich mache mir an dem ausgebrannten Ofen zu schaffen. Meine Hände zittern so sehr, daß ich kein Streichholz anzünden kann. Mirjam sitzt immer noch da wie ein Steinbild. Ich fürchte mich und weiß nicht wovor.

Plötzlich springt sie auf. „Geh zum Essen!“ herrscht sie mich an.

„Und du?“ frage ich zaghaft.

„Ich fahre mit dem 2-Uhr-Zug nach Hause!“

„Aber Mira!“ rufe ich entsetzt. „Wegen so einem

dummen Jungen nimmst du Reißaus! Sei doch vernünftig!"

„Nicht wegen einem! O nein, ich bin sogar sehr vernünftig", antwortet sie langsam.

Und dann lächelt sie und streicht mir rasch über die Nase, wie es früher ihr Vater tat.

„Däppele", sagt sie leise, „kleines, gutes Däppele, ich komm ja wieder! Ich verspreche es dir! Mach dir keine unnötigen Sorgen! In drei, höchstens vier Tagen bin ich wieder hier! Weißt nimmer: wenn ich mir früher auf unserm holprigen Pflaster das Knie aufgeschlagen hatte, lief ich auch gleich jammernd zu meinem Papa. Er ist halt ein guter Doktor, der Doktor Levy. Doch jetzt halt mich nicht auf. Ich muß mich beeilen. Sonst versäume ich den Zug, und dann muß ich mich auch noch mit Heinz rumstreiten!"

Sie läuft ins Schlafzimmer. Ich folge ihr. Ich will ihr packen helfen.

„Laß nur!" wehrt sie ab. „Ich nehme nichts mit. Daraus kannst du schon merken, daß ich nicht für alle Zeit Reißaus nehme. Nachthemden gibt's auch daheim, und für eine Zahnbürste langt das Geld noch. Geh' jetzt zum Essen, sonst hat man dir alles weggefuttert, Armes. In drei Tagen, spätestens in vier Tagen bin ich wieder hier!"

Es werden die schrecklichsten Tage, die ich je erlebt habe. Ich besuche keine Vorlesungen. Ich sitze wie Mirjam zusammengekauert an dem kleinen Ofen. Ich lasse alle Sparsamkeitsrücksichten beiseite. Ich werfe eine Schaufel voll Kohlen nach der andern ins Feuer. Trotzdem friere ich.

Alle zwei, drei Stunden kommt Heinz. Immer wieder fragt er, ob Mirjam noch nicht wieder da sei, ob sie irgendwelche Nachrichten gesandt habe. Er hat Augen wie ein verwundetes, gehetztes Tier.

Ich kann es schließlich nicht mehr ertragen. Ich fahre ihn an: „Laß mich endlich in Ruhe! Ich hab' auch Nerven! Sie hat gesagt, in drei, höchstens vier Tagen! Bisher hat sie noch immer gehalten, was sie versprochen hat. Vorher will ich dich nicht mehr hier sehen, verstanden! Geh zu deinem Freund, der an allem schuld ist!"

Ist er wirklich an allem schuld, er allein? Mein Kopf schmerzt zu sehr. Ich kann nicht mehr nachdenken.

Am Abend des zweiten Tages spiegelt sich Fackelschein in meinem Fenster. Es ist sehr laut auf der Straße. Es wird gesungen, gerufen, geschrien. Harte Stiefel knallen im Marschtritt auf dem Pflaster.

Mögen sie machen, was sie wollen! Ich schaue nicht zu. Ich will gar nicht wissen, was draußen vorgeht. Mir steht der Sinn nicht nach Studentenfeiern und Fackelzügen.

Am nächsten Abend grölt aus der Wohnung nebenan oder von draußen der Rundfunk. Es ist eine heisere Stimme, die sich manchmal überschreit, die mir Angst einflößt. Sie spricht oder brüllt sehr lange. Dann und wann unterscheide ich einzelne Wörter. Immer wieder höre ich dieselben heraus: „In vierzehn Jahren — in vierzehn Jahren — binnen vier Jahren — binnen vier Jahren." Der fremde Sprecher schnarrt diese „vier" auf so merkwürdige Art.

Mich friert immer mehr.

Es klopft verschiedene Male an meine Tür. Ich stehe

nicht auf. Als es sich am nächsten Morgen immer lauter, immer dringender wiederholt, öffne ich.

Es ist Heinz. Er sieht noch abgehetzter, verzweifelter aus. Er läßt sich erschöpft auf einen Stuhl sinken und stützt den Kopf in beide Hände.

„Hast du Nachricht von Mirjam?" frage ich jetzt ihn anstatt er mich. Er gibt keine Antwort. Ich rüttle ihn an den Schultern. „Was ist los?" schreie ich ihn an. „Bist du gekommen, um mich ganz durcheinanderzubringen? Hab' ich nicht schon genug?"

„Hitler ist Reichskanzler", murmelt er. „Was wird jetzt geschehen?" –

Am Nachmittag des vierten Tages entschließe ich mich endlich auszugehen. Es bleibt mir auch nichts anderes übrig. Ich habe kein Brot mehr. Und ich bin jung. Da meldet sich der Hunger auch in aller Verzweiflung und Sorge.

Als ich heimkehre, sitzt Mirjam an ihrem alten Platz.

„O Mira, bist du wieder da!" rufe ich.

„Wie du siehst", antwortet sie mit einer gleichmütig kühlen Stimme. „Aber keine Angst! Ich packe nachher. Morgen in der Früh, wenn die Schreier noch heiser sind und sich ausschlafen, fahre ich ab. Du würdest mir einen Gefallen tun, den letzten, wenn du mein großes Gepäck später an deiner Eltern Adresse aufgäbst. Wer weiß, ob's mir ein Gepäckträger zur Bahn brächt und ob es heil an einen Juden Levy befördert würd! Wir holen's dann bei euch in der Dunkelheit ab."

„Was hast du vor?" frage ich ängstlich.

„Vorläufig heimreisen, wie ich dir gerad gesagt

hab", erwidert sie so unbeteiligt, als wenn sie eine Mathematikformel herunterleierte; „dann wahrscheinlich so bald wie möglich mit meinen Eltern über den Rhein zu meiner Mutter Verwandten, wo mein Papa vielleicht eine Praxis übernehmen kann. Meiner Mama kommt's noch hart an, alles — Haus, Möbel, Ersparnisse — im Stich lassen. Sie redet noch dagegen. Aber sie wird sich darein schicken müssen. Es muß sein, ehe es zu spät ist."

„Aber man wird euch in Ruhe lassen, selbst wenn man den Juden Unannehmlichkeiten machen sollte", widersprach ich erregt. „Das hat gestern noch Heinz gesagt. Dein Vater ist deutscher Soldat gewesen. Er hat sogar das EK I."

Sie wehrt mit einer Handbewegung ab. „Ja, ja, das hat unser Bürgermeister auch versprochen. Aber wie lang? Papa sieht weiter. Und er ahnt mehr von dem, was uns Juden bevorsteht und was du so zart als Unannehmlichkeiten bezeichnest. Und nachher, wenn eintritt, was er befürchtet, dann ist es zu spät, noch über die Grenze zu flüchten."

Ich weiß nicht, was ich darauf erwidern soll.

Mirjam hüllt sich fester in ihr Tuch. Ich knie am Ofen nieder, um das Feuer aufzuschüren.

Mirjam starrt schweigend vor sich hin. Es dämmert. Es ist keine Farbe mehr im Raum. Nur das Feuer in dem kleinen Ofen flackert jetzt wieder auf und wirft dann und wann gespenstische Schatten.

Ich betrachte Mirjam schweigend von der Seite. Von ihrem leuchtenden Goldhaar ist nichts mehr zu erkennen. So — mit den zusammengepreßten Lippen, den wie in unterdrücktem Schmerz herabgezogenen

Mundwinkeln, der gebogenen Nase — ist sie die Jüdin, die zeitlos alte trauernde Judenfrau.

„Nach welchem Ort reist ihr?“ frage ich nach einer Weile.

„Das wirst du nicht erfahren und Heinz auch nicht“, entgegnet sie. Sie lacht leise auf, ihr spöttisches Lachen.

„Oh, ihr würdet mir schreiben, am Ende gar mich besuchen wollen. O ja, ihr seid treu, ihr guten Deutschen! Treue ist eine eurer Haupttugenden. Siehe Nibelungenlied! Weißt noch, wie wir es auf der Penne durchnahmen? Nibelungentreue, gelt, so heißt es doch. Nun seid eurem Führer treu!“

Auf der Treppe tönen schnelle Schritte. Ohne anzuklopfen, stürzt Heinz herein. „O Mirjam, endlich!“ ruft er und eilt stürmisch auf Mirjam zu. Seltsamerweise nennt er sie wieder mit dem Namen ihrer Kindheit, unserer gemeinsamen Kindheit. Ich wundere mich nicht darüber.

Er will sie in die Arme nehmen. Sie wehrt ihn mit beiden erhobenen Händen ab.

„Geh fort, rühr mich nicht an!“ befiehlt sie hart.

„Mirjam“, stammelt er, „bist du mir böse, daß ich den Flegel nicht gleich ins Gesicht geschlagen habe?“

Sie lacht auf. Es ist ein Lachen, das mir weh tut. „Da hättest du jetzt viel zu schlagen, armer Bub“, höhnt sie, „und du würdest selber zusammengeschlagen. Gewiß hat man dich jetzt schon wegen Beziehungen zu einem Judenmädel vorgeladen und verwarnt.“

Er senkt den Kopf, schweigt. „Aber beruhige dich“, fährt sie im gleichen überlegenen Ton fort, „ich reise jetzt endgültig ab. Ich verschwinde aus deinem Leben.“

„Mirjam!“ schreit er auf. „Ich liebe dich doch! Ich

geh mit dir, wohin du willst. Oder wir heiraten hier. Als meine Frau bist du geschützt. Dann bist du außer Gefahr."

Sie hat wieder dieses schreckliche Lachen als Antwort. „Nur keinen Gefühlsüberschwang, mein Lieber!" spottet sie. „Das ist nämlich ganz überflüssig und kann dir nur schädlich sein. Ich muß dir zum Abschied gestehen, daß ich dich nicht liebe und noch nie geliebt habe. So ein grünes Bürschel wie du! Ich denke ja nicht daran! Für ein bissel Flirt, ein paar Küss', zum Zeitvertreib, da warst du mir gut genug. Aber Liebe!" Sie zuckt die Achseln. „Nun ja, wahrscheinlich können wir Juden überhaupt nicht lieben. Und jetzt ade und alles Gute!"

Mit einer raschen Wendung ist sie in der Tür des Schlafzimmers, schlüpft hinein, dreht den Schlüssel von innen um. Heinz starrt mich entsetzt an.

„So geh doch, geh doch endlich!" murmle ich. Ich lege den Kopf auf den Tisch. Ich will Heinz nicht mehr sehen. Nach einer Weile höre ich seinen langsamen, schleppenden Schritt auf der Treppe, drunten vor dem Haus, auf der Straße. Dann ist alles still.

Auch Mirjam kommt nicht mehr zu mir heraus. Ich schlafe in der Nacht auf dem kleinen, schmalen Sofa. Ob ich überhaupt schlafe?

Am Morgen spricht Mirjam kein Wort. Sie duldet aber, daß ich sie zum Bahnhof begleite.

Wir stehen auf dem Bahnsteig. Ich friere. Der Zug taucht in der Ferne auf.

Da beugt sie sich zu mir herab, nimmt mich in den Arm und schaut mich mit denselben zärtlich schelmischen Augen an wie einst. „Däppele", sagt sie leise und sanft, „gutes Däppele, gelt, ich war häßlich gestern abend. Aber ich wollt's ihm leichter machen, sich von mir zu lösen. Aber jetzt bring ich's nicht fertig. Du sollst mich nicht so grundschlecht in Erinnerung behalten und er auch nicht. Werdet glücklich miteinander! Die große Liebe ist nicht die, die besitzen will, sondern die verzichtet und hergibt um des andern, des Geliebten willen!"

In der grauen, frösteligen Morgenfrühe entschwindet der Zug. Ich sehe noch lange der weißen Dampffahne nach. Mir ist, als zöge mit ihr meine Kindheit, meine Jugend weiter, immer weiter fort. Nein, ich werde nicht mit Heinz glücklich werden! Langsam gehe ich den Neckar entlang zurück. Als ich nach Hause komme, wartet Heinz schon auf mich.

„Ist sie fort?" fragt er. „Ich war wie von Sinnen, als ich von euch ging. Aber dann in der Nacht habe ich sie verstanden, ihr Opfer verstanden. Ich hätte so gerne noch einmal mit ihr gesprochen. Aber sie wollte es ja nicht. Sie hätte mich auch heute wieder abgewiesen. Ich habe hin und her überlegt. Ich wollte mit ihr reisen. Ich wollte ihr nachreisen. Aber ich sehe jetzt ein, ich würde es ihr nur noch schwerer machen. Ich wäre keine Hilfe, nur eine Last für sie und ihre Eltern. Mir bleibt nur eines: Ich will lernen, schuften. Wenn ich ihr eine Existenz bieten kann, hier oder im Ausland, dann suche ich sie, dann — verlaß dich drauf —, dann find ich sie, und wäre es am äußersten Meer!"

Heinz und ich fuhren in den Ferien nicht heim. Wir sprachen nicht miteinander darüber, aber wir wußten es beide: wir konnten nicht an Mirjams Haus vorübergehen, und wir konnten nicht mehr hineingehen.

Im nächsten Semester studierten wir in Norddeutschland, weitab von unserer Heimat.

Als wir nach Jahr und Tag wieder heimkamen, konnte oder wollte uns niemand in unserer kleinen Stadt Auskunft geben, wo Mirjam und ihre Eltern geblieben waren.

Wir gingen noch einmal miteinander die alten Wege unserer Kindheit, über den Stadtwall, an der Johanniskirche vorbei.

„Warum?" murmelte Heinz, „warum? Aber ich werde sie suchen, und ich werde sie finden, und wäre sie am äußersten Meer!"

Ich habe Mirjam nicht wiedergesehen. Auch drüben, jenseits des Rheins, ist sie nicht in Sicherheit geblieben. Ich habe nie erfahren, wie es ihr ergangen ist. Und vielleicht ist es besser, daß ich es nicht erfahren habe, besser für meine Ruhe.

Heinz ist als Arzt in Rußland gefallen. Und so werden sie einander wohl am äußersten Meer, an den Ufern eines besseren Lebens, wiedergefunden haben.

Der Vogel hat sein Haus gefunden

Wieder hat der Postbote einen der mir schon vertrauten Briefe mit dem bunten Rand und der fremden Marke gebracht. Er ist von meiner Freundin Betty, die ich noch nie gesehen habe und die mir doch im Laufe der Jahre so lieb geworden ist wie eine eigene Tochter.

Was sie mir erzählt, ist wertvoller als erdachte Geschichten. So will ich denn ihren Brief — mit kleinen, unwesentlichen Abänderungen — meinen Freunden weitergeben. Ich bin gewiß, daß mir Betty darum nicht zürnen wird.

Liebe Tante Anny!

Sch — sch — sch — die Wellen schlagen an meine Fußspitzen. Ich sitze allein am Strand. Sie sind erstaunt, liebe Tante Anny, daß ich nicht wie früher jeden Tag im Kaffeehaus in Haifa bediene und Ihnen dann, wenn die Stühle schon zusammengestellt sind und ich auf den letzten Bus warte, von meinem Erleben berichte. Sie sind erstaunt, daß ich an solch einem freien Nachmittag nicht meine beiden Buben bei mir habe, die so gerne wild und ausgelassen mit mir spielen, die so wild und ausgelassen sind, weil unser Volk nach jahrhundertelanger Unterdrückung seine Jugend nicht ungezügelt, aber ungezwungen und frei aufwachsen läßt, damit aus ihr ein Geschlecht heranwachse, das stark und froh ist und gestählt für die Kämpfe, die es für sein Land auszufechten haben mag. Für dies einzige Land, das uns wahrhaft gehört, in dem wir aufrechten Hauptes, ungeschmäht und unverfolgt leben können.

Ungeschmäht, unverfolgt! Merken Sie jetzt schon, was mich so bewegt und warum ich so allein am Strand sitze?

Der Besuch in Deutschland hat die Erinnerungen an die Schmähungen, die Verfolgungen derart wieder in mir aufleben lassen, daß meine Nerven, mein Herz nicht zur Ruhe kommen, daß ich Nacht um Nacht schlaflos verbringe und mir nun der Arzt völlige Ruhe verordnet hat.

Aber ich weiß keine Medizin, die mich von den bedrängenden Bildern der Vergangenheit und Gegenwart befreit.

Immer sehe ich meinen lieben Vater vor mir, der seit den Spritzen im KZ völlig bewegungslos auf seinem Bett liegt und nur mit seinen immer noch lebhaften Augen für einen kleinen Dienst danken kann. Ich sehe meine liebe Mutter vor mir, die ihn in dieser langen Zeit so aufopfernd gepflegt hat und jetzt selber so hinfällig ist. Ich weiß, ich werde die beiden nicht wiedersehen.

Als ich bei ihnen zu Besuch weilte, konnte ich nachts um all den Jammer verzweifelt in die Kissen weinen. Jossi, mein Ältester, den ich mit nach Deutschland zu den Großeltern genommen hatte, hat einen guten Schlaf. Ich störte ihn mit meinem Schluchzen nicht. Er hörte nichts davon. Aber nun darf ich noch nicht einmal nachts weinen. Mein Mann braucht nach der schweren Arbeit des Tages seine Ruhe.

Oft krampft sich mein Herz zusammen, und es würgt mich im Halse von ungeweinten Tränen, und meine Seele irrt wie ein Vogel hin und her, möchte über das Meer dahineilen, zurück zu den geliebten Eltern, und möchte auch wiederum hier im Lande

Israel bleiben, wo wir alle — mein Mann, meine Kinder und ich — Heimat haben, wo der Vogel sein Haus gefunden hat, die Schwalbe ihr Nest.

Der Arzt hat mir geraten, mich auszuweinen, auszusprechen. Nun sind Sie es wieder, liebe Tante Anny, bei der ich meine Last ablade. Und dabei kennen Sie ja schon die meisten der Bilder, die mich umschweben, die mich beunruhigen und mir die Augen für die helle Gegenwart rings um mich her, für meine Arbeit, meine Familie hier verdunkeln.

Es sind nicht lauter düstere Bilder.

Meine erste Kindheit in unserem kleinen Siedlungshaus vor der Stadt ist voller Sonne und Freude. Ich bin so stolz auf unsern Garten, den mein Vater und mein ältester Bruder unermüdlich bestellen. Ich habe selbst ein winziges Beet, das mir ganz allein gehört, eigenes Land, das ich für keine Schätze der Erde eintauschen würde. Ich spiele auf dem Rasen vor unserm Haus mit meinem kleinen Bruder und den Nachbarskindern. Sie kommen alle gern zu uns. Meine Mutter hat immer kleine Überraschungen bereit: die ersten Erdbeeren, einen rotbackigen Apfel, ein Stück Schokolade, und bei schlechtem Wetter dürfen sie in unserer großen Wohnstube sitzen, und Mutter weiß die schönsten Geschichten zu erzählen, oder Vater zeigt bunte Bilder mit seiner Laterna magica.

Nur die Großmutter ist in all dem Licht ein leichter Schatten. Sie ist eine schweigsame, düster blickende Frau, die meist unbeweglich in ihrem Ofenwinkel sitzt und Worte vor sich hin murmelt, von denen ich ab und zu nur das Wort „Jerusalem“ verstehe. Sie spricht das so eindringlich aus. Aber was kümmert mich Jerusalem, das weit, weit von meiner schönen deutschen

Heimat irgendwo in der Welt liegt und nach dem ich nicht die geringste Sehnsucht habe! Ich bin ja so glücklich an dem Ort, wo ich bin.

Und dann auf einmal wird alles anders. Die dunklen Bilder tauchen auf. Vater kommt mit verstörtem Gesicht heim. Er hat seine Stellung verloren. Er sitzt untätig im Hause herum, wagt sich nicht nach draußen.

Mein ältester Bruder tritt in die Wohnstube, wirft seine Mappe in eine Ecke. Er darf die höhere Schule nicht mehr besuchen. Mutter weint. Großmutter murmelt in ihrem Winkel. „Daß du herabführest . . ." verstehe ich.

Die Nachbarskinder weichen mir scheu aus. Als ich auf meine beste Freundin Elfi zugehe, wehrt sie mit beiden Händen entsetzt ab, schreit mich an: „Geh weg, du stinkst!"

Ich starre sie fassungslos an, schaue an mir herab. Was sollte denn an mir übel riechen? Kaum eine Mutter hält so auf Sauberkeit und Körperpflege wie die meine.

Die andern Kinder rufen mir „Judenschickse" nach. Einer steckt mir ein braunes Kärtchen in die Hand. „Nach Jerusalem" steht darauf. Ich lese es verständnislos.

Aber das muß ich dann verstehen: Die Lehrerin sagt mir, daß ich nach Hause gehen und nicht mehr wiederkommen solle. Nur drei Jahre habe ich in Deutschland die Schule besucht. Das schrieb ich Ihnen ja schon mehrmals und bat um Entschuldigung für all meine Rechtschreib- und Stilfehler.

Ein anderes schlimmes Bild steigt vor mir auf: Vater und mein ältester Bruder nehmen bitteren Abschied.

Sie werden zum „Arbeitseinsatz“ abgeholt. Wir wissen nicht, wohin und ob wir sie wiedersehen.

Das nächste Bild: Mutter sitzt an ihrem Nähtischchen und setzt den Davidstern auf unsere Mäntel und Kleider. Sie selbst hätte ihn nicht zu tragen brauchen.

„Eine echtblonde Arierin nimmt einen Stinkjuden — eine Schande ist das!“ hat ein SS-Mann sie angeschrien. Aber sie will es nicht besser haben als Vater, als ihre Familie, die zu ihr gehört.

„So werden Sie auch wie Ihre werte Familie behandelt und demnächst mit ihr eine schöne Reise antreten“, hat man ihr darauf erwidert.

Sie nimmt es gefaßt auf. Sie bleibt bei uns in der Stube, wenn allnächtlich die Bomben hier und da in unserer Umgebung herniederkrachen. Wir dürfen ja nicht in einen Luftschutzkeller flüchten.

Und dann ein Abend, an dem wir, Mutter und ich, eine große Freude erleben, eine Freude, in die sich eine herzbewegende Angst mischt. Freude und Angst! Was ist stärker? Beides läßt uns nicht schlafen. Wir wagen es nicht, uns vor meinem kleinen Bruder, vor der Großmutter darüber zu unterhalten. Wir flüstern nachts sehr heimlich, und die große Furcht breitet ihre dunklen Flügel dabei über uns.

Dürfen wir es wagen?

An jenem Abend ist in der schützenden Dunkelheit die Frau des Chefarztes unseres Krankenhauses in unser Haus geschlüpft. Sie wie ihr Mann sind Juden. Auch ihn hat man zum Arbeitseinsatz abgeführt. Sie hat erfahren, wo er und mein Vater sich aufhalten. Das Lager ist nicht weit von unserer Stadt. Sollen wir, die Frau des Arztes, Mutter und ich, wie sie es vorgeschlagen hat, wagen, dorthin mit dem Rad zu fahren, vorsichtig versteckt am Stacheldrahtzaun zu verharren und zu versuchen, die beiden Männer wenigstens zu sehen?

Wir wagen es. Als wir ankommen, lassen wir unsere Räder weiter abseits in einem Wäldchen zurück. Dann kriechen wir geduckt bis in die Nähe des hohen Zauns, bleiben hinter niedrigem Buschwerk verborgen, blicken mit sehnsüchtigen Augen hinüber, wo graue Baracken stehen, wo dann und wann Befehle gebrüllt werden, wo kräftige rotgesichtige Männer in SS-Uniform mit großen Hunden daherstapfen. Wir warten lange, lange. Und mein Herz klopft, daß ich fürchte, man könnte es drüben in diesem fürchterlichen Lager hören. Wenn man uns entdeckt!

Und wir werden entdeckt. Ein Hund schnuppert zu uns herüber, und ihm folgt ein schlanker blonder junger Mann.

„Was hast du denn, Hasso?“ fragt er, und seine Stimme klingt gar nicht so barsch und böse wie diejenigen, die wir bereits gehört haben, und obwohl wir uns so dicht auf den Boden ducken, bemerkt er uns.

„Was wollen Sie denn hier?“ fragt er, und die Frau des Arztes hat den Mut, sich aufzurichten. „Ich bin die Gattin zu Dr. Löb!“ sagt sie. „Mein Mann ist hier, und ich möchte ihn nur einmal sehen, nur sehen, und diese Frau Born möchte dasselbe, nur ihren Mann sehen, gar nicht sprechen. Oh, nur sehen, daß sie noch leben!“

Wir drei haben den jungen SS-Mann wohl inständig flehend angesehen.

Er blickt zu Boden. „Dr. Löb hat meiner Frau bei der Geburt unseres Sohnes das Leben gerettet“, murmelt er. Er überlegt, streichelt seinen Hund.

„Warten Sie“, sagt er dann halblaut und tut, als spräche er mit dem Hund, „ich gebe den beiden einen

Auftrag, der sie hier vorbeiführt. Aber machen Sie sich nicht bemerkbar. Und" — er zögert — „meine Frau — Ilse W. wohnt in der Zeppelinstraße 12. Sie wird Ihnen an mich besorgen, wenn Sie Ihren Männern etwas zukommen lassen wollen! Aber nur diese blonde Frau Born darf sich zu ihr wagen."

Er wendet sich um, geht mit langen Schritten zu einer der Baracken, und dann ertönt seine Stimme so laut und herrisch wie die der andern.

Kurz danach treten mein Vater und der Arzt heraus, schleppen einen Kübel voll Unrat vorbei. Wir sehen sie! Wir sehen sie!

Wir sind so unendlich dankbar; dankbar, daß Gott uns geholfen hat; dankbar, daß es auch unter diesen SS-Männern noch welche gibt, die ein Herz für anderer Leid haben, wenn sie es auch verbergen müssen. —

Mehrmals hat meine Mutter Päckchen und Briefe zu dieser hübschen jungen Frau Ilse gebracht. Und dann — als sie wieder hingekommen ist, hat sie eine Weinende, Verzweifelte vorgefunden, die ihr nur zugerufen hat: „Gehen Sie! Gehen Sie! Mein Mann — er ist nicht mehr im Lager. Er ist noch mit dem Leben davongekommen. Aber zur Strafkompanie ist er versetzt, das ist noch schlimmer als der Tod!"

Schluchzend ist auch meine Mutter zurückgekehrt. So haben wir dem guten jungen Mann, der lieben Frau nur Unglück gebracht.

Und wir weinen beide in der Nacht, während die Sirenen heulen und die andern, die Nichtjüdischen, in den Luftschutzkeller geflüchtet sind. Nun werden wir Vater nicht wiedersehen, ihm nicht mehr schreiben, nichts mehr schicken können.

Sie packt still unsere Köfferchen, als wir Bescheid

bekommen, daß wir am nächsten Tag abtransportiert werden.

Und nun steigt vor mir das entsetzlichste Bild auf, und noch heute erzittere ich, während ich es noch einmal erschaue.

Zuerst Sirenengeheul wie an jedem Abend. Wir sitzen am Fenster; ein „Christbaum" um den andern flammt am Himmel auf. Einschlag auf Einschlag erdröhnt näher, immer näher. Donner der Flugzeuge über uns. Feuerschein vor uns, um uns. Wir halten uns an den Händen, stürzen aus dem Haus, schreien sinnlos, rennen, stolpern, raffen uns wieder auf. Es kracht, es erschüttert die Erde, es birst, zerschmettert, es flammt.

Immer weiter, immer weiter hetzen wir. Die Hölle ist um uns. Die Luft ist lauter Feuerglut. Wir keuchen, husten, ächzen.

Oben am Wald halten wir ein. Die Stadt unter uns ist ein Flammenmeer. Großmutter wendet sich, richtet ihre gekrümmte Gestalt auf, weist hinab, schreit gellend, triumphierend auf, bricht zusammen . . .

Wir haben sie dort oben eingescharrt. Das ist das letzte, was ich von diesem gräßlichen Bild erkennen kann.

Ich weiß nicht, wie lange wir dort oben im Wald völlig erschöpft gelegen haben.

Am andern Morgen sind wir weitergegangen.

Zuerst schleuste uns der Strom anderer aus der Stadt Flüchtender mit. Man hatte auf freiem Feld rasch ein großes Lager für sie eingerichtet. Man hatte ja schon allerlei Erfahrung dafür gesammelt, und die SA bildete sich etwas darauf ein, wie gut ihre Organisation klappte.

Da sehe ich also schon wieder ein neues Bild vor mir: Kisten mit so gut belegten Broten, wie wir sie schon lange nicht mehr kannten, werden abgeladen. Wir bekommen zu essen, heißen Kaffee zu trinken. Lagerstätten werden bereit gemacht. Viele der Obdachlosen sind am Ende ihrer Kraft, müssen sich notdürftig erholen. Auch wir legen uns hin.

„War das unsere große Reise?" fragt mein kleiner Bruder.

Mutter befiehlt ihm erschrocken zu schweigen. Sie legt sogar ihre Hand auf seinen Mund. Keiner darf etwas von der Reise wissen, für die wir bestimmt gewesen waren. Geistesgegenwärtig, wie Mutter immer war, hat sie uns in der taghell erleuchteten Unglücksnacht sogleich den Davidstern abgerissen.

„Wir dürfen hier nicht lange bleiben", flüstert sie mir im Lager zu. „Wenn das größte Durcheinander vorüber ist, wird wieder das Fragen, Aufschreiben, Registrieren anheben, wie es in diesem Staat beliebt ist. Es könnten auch unter den Geretteten Bekannte, Nachbarn sein, die uns dann verraten."

Am zweiten Tag machen wir uns auf den Weg.

„Zu Freunden auf dem Land", antwortet Mutter einem teilnahmsvoll fragenden SA-Mann. Sie eilt weiterzukommen, um nicht noch mehr Auskunft geben zu müssen.

Ich dränge am meisten fortzukommen. Ich bin nicht so blond und blauäugig wie Mutter und das Brüderchen. Mutter hat mir zwar ein Tuch um die dunklen Haare gebunden, aber das nützt nicht viel. Wenn mich nur ein SA-Mann ansieht, zittere ich, bebe um mein Leben und um das von Mutter und Kurti, die ich auch in Gefahr bringe. Und ich kann doch nichts dafür, daß ich so aussehe, daß ich ein Judenmädchen bin.

Wir wandern einen schmalen, holprigen Feldweg. Wir sind ihn in glücklicheren Zeiten oft mit Vater gegangen. In dem nächsten Dorf wohnen Freunde, bei denen wir manchen schönen Nachmittag erlebt haben.

„Wir dürfen auch dort nur einige Tage bleiben, nur eben zum Ausruhen und Kräftesammeln", sagt Mutter. „Es ist noch zu nah bei unserer Heimatstadt. Es werden andere Ausgebombte dort eintreffen. Wir könnten entdeckt werden."

Wir bleiben noch nicht einmal einige Tage, noch nicht einmal einige Stunden. Der Empfang ist anders, als wir ihn gedacht haben. Man weist uns die Tür. Oh, diese entsetzten Gesichter, als wir in die Stube treten, wo die Familie gerade am Mittagstisch sitzt!

„Wie können Sie uns in diese Gefahr bringen!" ruft der Hausherr empört. „Wenn unser Ortsgruppenleiter erfährt, daß wir Juden aufgenommen haben, sind wir geliefert!"

„Beruhigen Sie sich, wir gehen ja schon! Sie haben uns nicht aufgenommen", entgegnet Mutter und schiebt uns hinaus.

Die Frau eilt uns nach, drückt mir drei Eier in die Hand. Ich lasse sie fallen. Ich höre noch das harte Aufklatschen auf dem Steinboden des Flurs. Schade darum! Aber die Frau soll nicht die Schuld auf sich laden, Juden beschenkt zu haben.

Wir wandern weiter. „Unstet und flüchtig, der ewige Jude", sagt Mutter vor sich hin.

Dann wendet sie sich an mich. Sie betrachtet mich jetzt als eine Erwachsene.

„Wir wollen keine Freunde und Bekannten mehr aufsuchen“, bestimmt sie. „Wir wollen niemand in Gefahr bringen. Wir bitten bei Menschen um Aufnahme, die nicht wissen, daß wir Juden sind.“

Ich bin sehr bedrückt. Ich ziehe die Füße schleppend nach. Zwei Lasten liegen auf mir. Wir sind Bettler geworden. Und: Die Leute werden Mutter und Kurti bestimmt nicht für Juden halten, aber mich! Mir sieht man es an. Ich bin für meine liebsten Menschen ein Hemmschuh, eine Gefahr.

So wandern wir denn miteinander durch das schöne Sommerland mit den goldenen Kornfeldern, den flammendroten Geranien vor jedem Fenster der freundlichen Bauernhäuser.

Es geht besser, als ich dachte. Ich bleibe zwar immer noch ängstlich an der Hausecke stehen, wenn Mutter bittend an eine Tür klopft. Aber dann werde auch ich freundlich hereingerufen. Wir bekommen zu essen, hier und da ein Quartier für mehrere Tage. Wir können sogar länger bleiben, besonders, da Mutter sogleich fleißig hilft. Aber wir wollen weiter. Ich vor allem dränge darauf. Es fragt mich zwar niemand, ob ich ein Judenmädel bin. Aber wenn mich nur einer aufmerksam ansieht, fürchte ich diese Frage, fürchte ich die Gefahr.

Einmal sind wir dicht davor. Wie leicht hätten wir damals ins Verderben gerissen werden können! Ich spüre heute noch, in diesem Augenblick, wie jäh mein Herz aussetzt, wie mir der Bissen buchstäblich im Munde steckenbleibt, als der Bauer, dem wir seit einer Woche in der Ernte helfen, beim Abendessen berichtet, der Ortsgruppenleiter habe sich nach uns erkundigt; er wolle am nächsten Tag selber einmal kommen und uns verhören. „Das ist ein ganz scharfer“, fügt der Bauer hinzu; „es ist kein Hiesiger.“

Ich kann nicht weiteressen. Ich schaue Mutter an. Wie ein sterbendes Reh, sagt sie später, so hätte ich ausgesehen.

„Wenn er aber schon heut abend kommt“, stammle ich und verrate dadurch meine Angst.

„So seid ihr halt spazierengegangen“, meint der Bauer ruhig; „es ist ein schöner Abend, wird eine schöne Vollmondnacht.“

Will er uns damit raten, sogleich fortzugehen? Es scheint so.

Die Bäuerin streicht mir über meine dunklen Haare. „So müßt ihr halt wieder weiter“, sagt sie.

Daran merke ich, daß die guten Menschen geahnt, gewußt haben um unser Geheimnis. Möge es ihnen nicht zum Schaden geworden sein, wenn dann der Ortsgruppenleiter bei ihnen erschienen ist und uns nicht mehr vorgefunden hat!

Wir brechen noch in derselben Nacht auf.

Ich habe noch nie solche Angst ausgestanden wie in diesen Stunden. Noch heute wird mir so seltsam beklommen, wenn ich den Vollmond über mir stehen sehe. Wenn sich nur ein Lüftchen regt, wenn irgendein Geräusch — eines Tieres im Buschwerk, eines fernen Wanderers — zu hören ist, schrecke ich zusammen, fürchte, die Verfolger seien schon hinter uns.

„Wir können gar nicht so weit gehen, daß uns der Ortsgruppenleiter nicht erwischt“, raune ich meiner Mutter zu. „Wenn er uns morgen nicht antrifft, telefoniert er in die umliegenden Dörfer. Es wird ein leichtes sein, uns zu fassen. Wohin sollen wir noch fliehen?“

„Zu dem, der unsere einzige Zuflucht ist und uns schon einmal aus Todesnot errettet hat", erwidert Mutter und bleibt stehen, faltet die Hände. Kurti folgt brav ihrem Beispiel.

Ich kann nicht. Ich schreie auf. Hinter uns ist plötzlich Wagengerassel. Ein sehr schweres Fahrzeug scheint es zu sein.

„Da sind sie schon!" stoße ich hervor und klammere mich an Mutter.

Richtig! Der Wagen hält. Nun ist es um uns geschehen, denke ich.

Doch der Soldat, der auf uns herabschaut, macht ein freundliches Gesicht. „Wohin so spät?" fragt er.

„Noch weit", entgegnet Mutter rasch gefaßt. „Wir sind ausgebombt und suchen neue Unterkunft im Odenwald."

„Aufsteigen!" lädt der Feldgraue ein. „Zu Fuß kommt ihr dort erst in sechs Wochen an. Ich fahre dorthin. Legt euch hinten herein auf die Säcke und pennt! Wenn ihr ausgeschlafen habt, setze ich euch ab."

Ich kann nicht schlafen. Ich presse mich an Mutter. Jeder Kilometer, den wir dahin rumpeln, rattern, bringt uns weiter fort von der Gefahr, weiter hin in eine, wenn auch nur schwache Sicherheit.

Im ersten Morgengrauen setzt uns unser feldgrauer Retter an einem einsamen Hof im Odenwald ab. Ich sehe ihm noch nach, wie der Wagen im golddurchwobenen Dunst verschwindet.

Auf dem Hof ist schon das Leben erwacht. Wir wagen uns hinein.

Von diesem Augenblick an haben wir für Monate, für Jahr und Tag eine Zufluchtsstätte, ja so etwas wie eine Heimat gefunden. Gott möge den guten Menschen lohnen, was sie an uns getan haben!

Wir helfen, so gut und soviel wir können. Die Bauersleute sind schon bejahrt. Der Sohn ist im Felde. Die beiden sind froh, an Mutter eine gute Arbeitskraft zu haben. Ich tue auch, was ich nur kann. Niemand kümmert sich darum, daß ich nicht zur Schule gehe. Wir sind abseits vom Dorf. Mutter hat nach einer Zeit des gegenseitigen Kennenlernens und Vertrauens ihnen die Wahrheit gesagt.

Ich sehe den Weihnachtsbaum vor mir, unter dem wir zu fünft sitzen. Mein erster Weihnachtsbaum ist das. Er ist mir ein Zeichen der Versöhnung, des Friedens zwischen Juden und Christen. Ist ihr Heiland nicht in Bethlehem geboren, im jüdischen Lande? Ich sehe das Bild der Weihnacht im Odenwald vor mir. Es ist kein beängstigendes, düsteres Bild mehr. Die dunklen Schatten weichen zurück. Immer weiter, immer weiter. Sie haben keine Macht mehr über mich.

Vor mir liegt das strahlend blaue Mittelmeer. Ich bin im Land, das meine Zufluchtsstätte für mein ganzes Erdenleben geworden ist.

Ich grüße Sie mit dem Gruße Israels: Schalom — Friede!

Ihre Betty

Philippchen

Ich kannte ihn schon, ehe er zu mir in die Schule kam. Das war bei den meisten meiner I-Männchen so. Über Philippchen jedoch machte ich schon Monate, bevor er meiner schulmeisterlichen Obhut anvertraut wurde, kurze, aber ergötzliche Notizen in mein Tagebuch.

Ich wohnte damals außerhalb des Schulortes. Mein Weg führte mich täglich an dem kleinen, sauberen Haus bei der Wegkreuzung vorbei, das Philippchens Vater, der Viehhändler Heß, einige Jahre zuvor gekauft hatte.

Das rundliche, kraushaarige Bürschchen erwartete mich jeden Morgen schon unter dem Hoftor und rief mir einen lauten Gruß entgegen. Von viel Ehrerbietung schien dieser Morgengruß allerdings nicht zu zeugen, aber vielleicht ist es bei einem Viehhändlerssohn doch als Schmeichelei entgegenzunehmen, wenn er einen „alti Sau" tituliert. Bös klangen diese Worte jedenfalls nicht, eher gemütlich-vertraulich, und eines Tages näherte sich Philippchen mir sogar ganz vertrauens- und unschuldsvoll, öffnete eine seiner kräftigen Fäuste, zeigte mir eine Handvoll Nüsse und fragte unternehmungslustig: „Wolle mir handle? Was gibschte mir dafür?"

Leider hatte ich keine Tauschware anzubieten. Philippchen verließ mich enttäuscht.

Aber ich schien doch in seiner Wertschätzung gestiegen zu sein, denn am nächsten Morgen überraschte er mich, anstatt mit dem gewohnten Morgengruß, mit einer unheimlich tiefen Verbeugung und einem gedehnten, feierlichen „Gute Morje, Fräulein!"

Worauf die stattliche Mama strahlend in der Haustür erschien und lobte:

„So isch's recht, Philippche! Gute Morje, Fräulein! Ich hab zu unserm Philippche gesagt: ‚Philippche, paß auf, das isch e Fräulein Lehrerin. Eschtimier se! (Achte sie!) Das gibt auch emal dei Fräulein Lehrerin!'"

Ein Vierteljahr danach hatte sich dieser Schicksalsspruch bewahrheitet: Ich war Philippchens Lehrerin geworden.

Ich konnte nicht über ihn klagen. Er „eschtimierte" mich. Er war höflich, gehorsam, artig. Er war auch aufmerksam und fleißig, soweit es seine molligen Fettpolsterchen zuließen.

Zugleich war er noch rege genug, einen schwunghaften Handel mit Griffeln, Messern, Abziehbildern, den ersten Schneeglöckchen, Flötepfeifen und allem Möglichen und Unmöglichen einzuführen.

Trotz diesem ausgeprägten Erwerbsgeist aber war er von einer rührenden Gutmütigkeit und Freigebigkeit. Bald steckte er dem einen, bald dem andern kleinen Mitschüler etwas zu, und lächelnd lauschte ich einmal in einer Pause, wie er dem blassen Ferdi ein Riesenbutterbrot aufdrängte und anpries: „Davon wirschte stark! Das isch gute Wurscht! Das isch koschre Wurscht!"

Er hatte diese Freigebigkeit wohl von seiner Mutter geerbt, an die sich unsere Frauenhilfe und der damalige „Vaterländische Frauenverein", dessen Mitglied sie sogar war, getrost und ohne je eine Fehlbitte zu tun, wenden konnten, wenn irgendwo Hilfe not tat. Wie oft sah ich Philippchen mit einem Eßkessel zu irgendeinem Kranken laufen!

„Frau Heß ist eine gute Frau", wurde sie gelobt. Nun, und Philippchen, ihr Jüngster, dessen Geschwister schon längst an anderen Orten verheiratet waren, war ein ebenso guter Junge.

Seine Gutmütigkeit bewies er auch damit, daß er sich in Märchenspielen wie „Schneeweißchen und Rosenrot" unverdrossen als Bär herumzerren und walken ließ und daß sämtliche Königssöhne auf seinem kräftigen Rücken reiten durften. Nur allzu scharfen Galopp durften sie nicht von ihm verlangen. Sonst ließ er alles mit sich geschehen. Diese Gutherzigkeit war wohl auch der Grund, daß er bei allen Klassenkameraden beliebt war.

Ich hatte schon gefürchtet, er würde als ein Kind anderer Mundart und — anderer Rasse gemieden werden. Aber keines schien auf den Gedanken zu kommen, daß er nicht zu uns gehöre. Seine gelassen hingeworfenen Randbemerkungen zu meinen Erzählungen wurden von allen beifällig und ohne Widerspruch aufgenommen und gehörten bald zu meinen Berichten wie die Glossen in einem alten Mönchsbuch.

Da hieß es zum Beispiel bei der fleißigen Goldmarie: „Ja, wenn's anhält! So sind die Mädchen immer im Anfang!"

Bei Josephs und Marias Flucht mit dem Jesuskinde meinte er nach der Bildbetrachtung: „Ja, wenn sie doch Geld für e Eselche hatten, so konnten sie doch auch e Wägelche kaufe. No hätte sie alle drei fahre könne!"

Obwohl er Jude war, hatte er das erste Jahr unentwegt am Religionsunterricht teilgenommen. Wahrscheinlich hatten seine Eltern nichts dagegen einzuwenden, daß er die Geschichten von Adam und Eva, von

Noah, von Joseph hörte. Waren es doch die Geschichten ihres eigenen Volkes.

Als ich dann aber in der Adventszeit Philippchen beiseite nahm und ihm vorsichtig beizubringen versuchte, daß er von jetzt ab morgens eine halbe Stunde später kommen solle, um nicht an den Adventsandachten und dem jetzt auf Weihnachten zugeschnittenen Religionsunterricht teilnehmen zu müssen, da schaute er mich so entgeistert an, daß ich es nicht übers Herz brachte, ihn auszuschließen. Ob es seine Eltern auch nicht übers Herz brachten, oder ob er so schlau war, ihnen nichts davon zu berichten?

Ich hinderte ihn nicht, unter den Lichtern des Adventskranzes mitzusingen, die Fensterchen des Adventshäuschens mit den andern Kindern zu öffnen, die Sprüche mitzusprechen und die ganze selige Vorfreude meiner Kleinen mitzuerleben.

Es war schon hart genug für ihn, daß er an dem Krippenspiel und an der kirchlichen Feier nicht teilnehmen durfte, und seine Augen wurden groß, fragend und sehnsüchtig, wenn die andern begeistert vom Weihnachtsbaum und vom Christkind erzählten.

Eines Morgens aber berichtete er stolz und aufgeregt: „Wir feiern auch Weihnachten mit Lichtern und Geschenken, und mein Vater sagt etwas auf!"

Es tut mir heute noch leid, daß ich ihn darum zurechtwies und ihm vorwarf, er schwindle. Ich schalt ihn nicht so streng, wie ich sonst Lügen ahndete, denn ich glaubte, er habe das erfunden, weil er traurig war, daß er bei allem Weihnachtserzählen immer abseits stehen mußte. Ich wußte damals noch nicht, daß auch die Juden in der Winterzeit ihr Lichterfest feiern.

Am gleichen Tag, an dem ich Philipp mit meinem ungerechtfertigten Tadel enttäuscht hatte, überkam ihn aber solch eine Freude, daß er alle Kränkung vergaß.

Ich merkte, daß er während der ersten Stunde mit gesenktem Kopf dasaß, und nahm an, daß er sich noch wegen seiner vermeintlichen Flunkerei schämte. Ich hatte die Geschichte von den Weisen aus dem Morgenland erzählt und gemäß dem Bibeltext begonnen:

„Als Jesus geboren war in Bethlehem im jüdischen Lande, da kamen die Weisen aus dem Morgenlande gen Jerusalem und fragten: Wo ist der neugeborene König der Juden?"

Wir hatten uns dann miteinander über die Geschichte unterhalten. Philipp hatte sich nicht beteiligt. Er hatte nur immer schweigend auf die Tischplatte gestarrt.

Plötzlich jedoch sprang er so lebhaft auf, wie ich es gar nicht an ihm gewohnt war, und rief, ohne erst zu melden, ohne meine Aufforderung abzuwarten: „Der König der Juden! War Jesus ein Jude, ja? Jesus war ein Jude! Jesus war ein Jude!"

Heute sehe ich noch das strahlende, überglückliche Gesicht vor mir. Er konnte sich vor Aufregung und Begeisterung gar nicht fassen.

„Feiert ihr nur Weihnachten mit eurem Weihnachtsbaum!" rief er in die Klasse. „Aber er gehört mir doch ganz besonders. Er ist ein Jude!"

Die andern Kinder schauten Philipp verdutzt an. Dann wandten sie sich fragend mir zu.

„Der Herr Jesus ist Gottes Sohn und gehört uns allen", beschwichtigte ich. „Wir wollen uns mit Philipp freuen, daß er auch ihm gehört. Und in unserer Freude singen wir jetzt: Vom Himmel hoch!"

Philipp sang kräftig mit. Ich war froh, daß er sich bei diesem Gesang langsam beruhigte. Er wäre sonst fähig gewesen, auf dem ganzen Heimweg zu rufen: „Jesus war ein Jude!“

Und ob er das hätte so unbeanstandet tun dürfen?

Schon begann auch in unserem abgelegenen Ort der spätere Verführer unseres Volkes Anhänger zu gewinnen. Noch glaubten viele, er würde dem deutschen Volk ein rechter Führer werden, und meinten, er stehe auf christlichem Boden.

Wie wenig wir in unserer Abgeschiedenheit von seinen wahren Zielen ahnten, geht daraus hervor, daß drei Jahre später auch Philippchen, der inzwischen ein stattlicher Philipp und gewandter Turner geworden war, harmlos in die „Hitlerjugend“ eintrat und von ihrem braven Führer hier ebenso harmlos aufgenommen wurde.

Lange dauerte diese Freude für Philipp allerdings nicht. Es war sein erster Kummer, daß er nach kurzer Zeit wieder aus dem braunen Trüppchen austreten mußte. Verstehen konnte er es sowenig wie seine Kameraden. Aber es waren ja noch längst nicht alle Jungen in die HJ eingetreten, und so tröstete er sich damit, daß er an den Nachmittagen, an denen die andern „Dienst“ hatten, doch noch genügend Spielgefährten haben würde.

In jenem Frühjahr wurde er in das fünfte Schuljahr versetzt und verließ meine Unterstufe. Ich war froh darum. Aus Feigheit freute ich mich, Philipp los zu sein. Nach allem, was ich inzwischen gelesen und gehört hatte, ahnte ich schon, daß man immer grausamer gegen die Juden vorgehen würde, daß man sie zum mindesten immer mehr absondern, ausschließen würde. Und wie sollte ich mich dann als Klassenlehrerin, die alle ihre Schüler liebte, lieben sollte, verhalten? Sollte ich dann

Philipp kaltherzig beiseite schieben, aus unserer Klassengemeinschaft ausstoßen? Nein, das brachte ich nicht übers Herz. Das konnte ich einfach nicht. Und ihn schützen, mich vor ihn stellen? Auch das brachte ich nicht fertig. Auch das konnte ich nicht — aus Feigheit! Ich wollte mich, wie so viele, in das Nichtwissen, in das Nichts-davon-Sehen-und-Hören flüchten!

Und dann erlebte ich doch eines Morgens mit, was ich gefürchtet und nicht hatte miterleben wollen.

Als ich auf den Schulhof trat, stand Philipp nicht wie gewöhnlich unter seinen Mitschülern, sondern abseits an der Mauer, die andern dagegen ein Stück von ihm entfernt auf der andern Seite des Schultors. Sie betrachteten ihn schweigend und scheu wie ein wildes Tier. Es war ein ungewohntes, drückendes Schweigen.

Als ich näher kam, sah ich, daß Philipp aus der Nase blutete und daß sein Ärmel zerrissen war.

„Fräulein!" schrie er und umfaßte mich wild mit beiden Armen, „sie gehen nicht mehr mit mir zur Schule, sie gehen nicht mehr mit mir auf die Straß! Sie dürfen nicht, hat der Heinz gesagt. Und es ist ein Plakat an die Mauer hier geklebt: Die Juden sind unser Verderben! — Was hab ich denn verdorben? Was hat meine Mutter euch verdorben? Der große Otto hat mich ‚Judenschwein' gescholten. Er hat mich auf die Nas geschlagen. Als ich mich gewehrt hab, hat er mich auf den Boden geworfen. Und keiner hat mir geholfen! Keiner! Warum denn hassen sie mich? Warum denn?"

Er wandte sich zu den andern.

„Was hab ich euch getan?" schrie er noch lauter und bebte dabei am ganzen Körper. „Was haben wir Juden euch denn verdorben? War Jesus nicht ein Jude?"

Ich schaute hilfesuchend zu den Lehrern hinüber. Oh, sie waren geradeso feige wie ich. Sie hatten sich auf die andere Seite des Schulhofs zurückgezogen. Nur der Rektor kam langsam auf uns zu. Er war ein feiner Mann. Er wurde wenige Tage danach entlassen.

Er winkte mir zu. Ich löste mich von Philipp und trat zu ihm.

„Sagen Sie ihm, er solle nach Hause gehen", raunte er mir zu. „Er bekomme Bescheid, wann er wieder zur Schule kommen solle."

Mit gesenktem Kopf verließ Philipp den Schulhof. Die Lehrer und Schüler sahen ihm schweigend nach. Ich bin gewiß, er tat ihnen allen leid.

In unserm Ort gab es in jenen Jahren im allgemeinen keine gehässigen Ausschreitungen, und alles, was an Unerfreulichem geschah, war von außen hereingetragen worden. Aber feige sind wir fast alle gewesen. Und darüber sollten wir uns nicht beruhigen.

Ich sah Philipp wochen-, monatelang nicht mehr, und wieder war ich froh darum, denn ich hätte nicht gewußt, wie ich mich ihm gegenüber verhalten sollte.

Eines Tages hörte ich, daß man seinen Vater zum „Arbeitseinsatz" geholt habe.

Wovon und wie Philipp und seine Mutter lebten, weiß ich nicht. Es nahm sich wohl keiner von uns der Frau an, die so viel Gutes getan hatte. Wenn man ihr dann und wann begegnete, wagte niemand, mit ihr zu sprechen oder sie auch nur zu grüßen.

Und dann wurde eines Morgens in der Schule erzählt, daß Frau Heß schon vor zwei Tagen einsam und ohne Hilfe gestorben sei. Wer mochte ihr in ihrer letzten Stunde beigestanden haben? Philipp? Und wer stand dem Jungen jetzt bei? Wäre es nicht unsere, meine Pflicht gewesen, nach dem Kind zu schauen? Aber wir wagten es nicht, weil es ein Judenkind war. Ein Judenkind wie einst der Knabe in Nazareth!

Spät am Abend schellte es bei mir zaghaft und leise.

Als ich öffnete, stand Philipp vor mir.

„Philipp!" flüsterte ich entsetzt.

Heute kann man sich ja kaum mehr vorstellen, was für eine Angst wir damals hatten! Aber ich schloß wenigstens nicht die Tür vor Philipp zu. Ich ließ ihn eintreten.

Er schlüpfte hinter mir in die Wohnung. Wie mein Herz klopfte! Wenn ihn nun jemand gesehen hatte!

Er merkte nichts von meiner Angst. Als er in meiner Stube saß, legte er den wild zerzausten Kopf auf den Tisch und schluchzte.

„Philipp!" sagte ich wieder leise und wußte nicht, was ich weiter trösten, mahnen, raten sollte.

Ich strich ihm über den Kopf und merkte, wie meine Hände zitterten. Die Angst kroch mir bis zum Halse hinauf, als schwere Schritte die Straße herunterkamen. Waren es schon die Schergen, die Philipp holen wollten? Ich machte mich ja mitschuldig, weil ich ihn in meine Wohnung aufgenommen hatte. Vielleicht würde man mich auch abführen, wie es meinem Vetter in Arnsberg schon geschehen war. War ich nicht aus einer verdächtigen Familie? War ich nicht eine der wenigen Lehrpersonen, die noch nicht aus der Kirche ausgetreten waren? Gab ich nicht als einzige in unserer Schule noch Religionsunterricht? Das alles wirrte mir jetzt durch den Sinn.

Und vor mir weinte der verlassene Junge.

„Sie haben meine Mutter nicht zum Grab tragen wollen“, schluchzte er und hob anklagende Augen zu mir auf. „Nicht anrühren wollen haben sie den Sarg, weil sie eine Jüdin war.“

„Sie waren deiner Mutter und dir nicht böse“, tröstete ich, „sie waren nur bange, feige. Wie wir alle“, fügte ich leise hinzu.

Philipp legte den Kopf wieder auf den Tisch. Er weinte, weinte, bis er ermattet die Augen schloß.

„Und jetzt?“ fragte ich nach einer Weile leise.

„Gerad vorhin, als es dunkel wurde, sind doch vier Männer gekommen“, berichtete er stoßweise und nannte darauf die Namen von vier älteren ernsten Christen.

„Aber wo soll ich jetzt hin?“ stöhnte er. „Wenn ich in unserem Haus bleib, holen sie mich morgen früh und bringen mich fort. Das hat mir unsere Nachbarin zugeflüstert.“

Wieder weinte er laut auf.

„Und bloß, weil ich ein Jude bin, will mich keiner aufnehmen“, klagte er weiter. „War euer Herr Jesus nicht auch ein Jude?“

„Sie haben ihn auch nicht aufgenommen“, antwortete ich leise. „Er kam in sein Eigentum, und die Seinen nahmen ihn nicht auf.“

„Aber wo soll ich denn hin?“ drängte Philipp. „Soll ich nicht am besten gleich in den Teich springen? Das tut nicht so weh wie das Verbrennen.“

„Aber Philipp!“ rief ich entsetzt.

Doch dann dachte ich: Hat er nicht recht? Was wäre das Schlimmere für ihn?

Aber nein, nein, zum Selbstmörder durfte er nicht werden. Ich überlegte. Es dröhnte in meinem Kopf. Bei jedem Schritt auf der Straße zuckte ich zusammen. Ob

Philipp wohl wußte, in welche Gefahr er mich gebracht hatte? Nein, bei mir konnte er auch nicht bleiben. Ich konnte ihn auch nicht aufnehmen. Und selbst, wenn ich nicht zu ängstlich, zu feige gewesen wäre, so wäre er in unserm kleinen Ort, in meiner kleinen Wohnung doch nicht lange verborgen geblieben.

Da endlich fiel mir ein Ausweg ein.

„Du hast doch noch Geschwister! Hast du nicht sogar eine Schwester, die in Düsseldorf wohnt und dort mit einem Christen verheiratet ist? Die haben sie doch sicher noch nicht in ein Lager gebracht. Kannst du nicht zu ihr? In einer großen Stadt kann man sich besser verstecken. Man fällt nicht so auf. Vielleicht kann sie oder ihr Mann dir weiterhelfen, vielleicht ins Ausland. Dorthin haben sich schon viele Juden geflüchtet."

„Aber wie soll ich denn nach Düsseldorf kommen?" wandte er verzweifelt ein. „Wir dürfen doch nicht mit der Bahn fahren."

Ich krampfte die Hände ineinander. Gab es denn nirgends ein Licht? Zeigte sich nirgends ein Weg?

Und wieder fiel mir eine Familie ein, die mir und andern schon in allerlei Bedrängnis geholfen hatte. Ja, dorthin konnte Philipp gehen. Sie hatten einen Lastwagen, mit dem sie Waren lieferten. Unter den Kisten und Säcken konnten sie Philipp verbergen und nach Düsseldorf fahren. Und ich war gewiß, obwohl sie sich selber damit in Gefahr brachten, obwohl sie schon manches erduldet hatten und dauernd unter Verdacht standen, sie würden es auch tun um dessentwillen, der in seiner Erdenzeit ein Jude war.

Ich wollte mich stark machen und Philipp zu diesen Freunden begleiten. Aber seine alte Klugheit war bei meinem Vorschlag wieder erwacht. Er fiel als einzelner in der Nacht weniger auf als mit mir, der Frau, die sich auch nicht so gewandt verbergen, so geschwind daherhuschen konnte.

Philipp nahm Abschied von mir. Ich begleitete ihn bis zur Tür. Ich habe ihn nie wieder gesehen.

Er ist nach Düsseldorf gebracht worden. Kurz danach setzten dort die großen Judentransporte ein. Ob er mit dabei war?

Ich habe nie mehr eine Nachricht von ihm erhalten.

Oft aber fällt mir mitten in der Nacht dieser ehemalige Schüler ein, und dann klopft mein Herz laut und anklagend, und ich höre die Frage: „War Jesus ein Jude? Warum verfolgt ihr mich? Warum verfolgt ihr ihn?"

Inhalt